AROUND

Vol.104
2025 December

선물과 나의 기록 Moments Of Present

KB247824

ISSN 2287-4216
ISBN 979-11-6754-045-4
KRW 18,000

Youn Sojung, Kim Sawol & Lee Hwon, Kim Jinjin, Choi Youngji,
Kinis, Lee Jinhyeon, Min Jinah, Doublecylinder Socksshop,
Bigsleep, Chocolatique, Kukka, Christopher Lim

한 해가 저물어 갑니다. 이맘때쯤이면 지난 시간을 돌아보게
되는데요. 저는 받은 것에 대해 생각하게 됩니다. 마음이든 물건이든
무언가를 받았던 기억이요. 얼굴을 마주하지 않아도 예전보다 훨씬
쉽게 선물을 주고받을 수 있는 세상이 되었어요. 그만큼 더 쉽게
잊히기도 해요. 그래도 변하지 않는 건 그 선물에 담긴 마음이겠죠.
선물의 순간을 각자에게 물어보면 다양한 답을 들을 수 있습니다.
누군가는 생일을 떠올릴 테고, 나만의 기념일, 아이의 탄생, 결혼…
잊을 수 없는 순간들이 있을 거예요. 오늘도 우리는 무언가를 주고,
받고 있겠죠. 찬찬히 생각해 보면 기억해야 할 게 더 많을지도
모르겠어요. 소중한 기억을 고이 간직하고 싶은데 마음먹은 대로 되지
않고 자꾸 잊혀갑니다. 기쁘면서도 당장 어떻게 표현해야 할지 몰라
머쓱하기도 했던 받는 마음, 상대를 지켜보며 고민했을 보내는 마음.
어라운드가 잊고 싶지 않은 각자의 순간을 기록해 남겨보았습니다.

김이경—편집장

Contents

When Sincerity

마음을 담은 무엇이든

Becomes a Gift

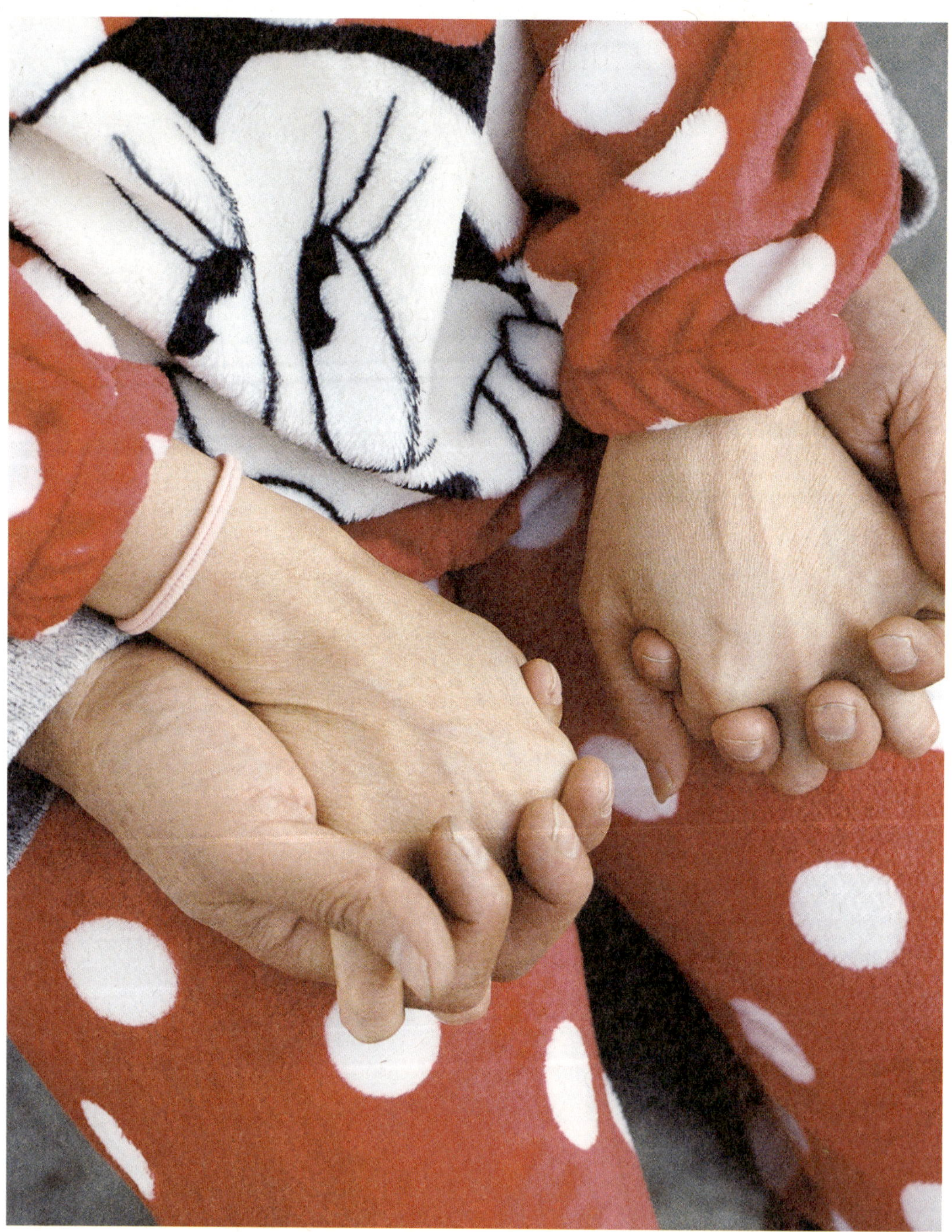

APPL
9555 1200

29 sq.ft.
平方呎
HENDERSON LEASING
IMAGINATION

BUGS
Bugs Bunny
VANS

嚴禁吸煙
NO SMOKING

CHRISTOPHER LIM

에디터 **차의진**

아름다운 이미지에 한참을 머물렀네요. 간단히 소개해 줄래요?
안녕하세요! 크리스토퍼 림입니다. 호주 멜버른에서 태어나 자랐고, 지금은 홍콩에서 10년째
프리랜서 사진가로 활동하고 있어요.

사진은 어떻게 시작한 거예요?
어릴 때부터 예술을 좋아했어요. 학교에서 가장 좋아하던 과목도 미술이었으니 자연스럽게
사진을 접했고요. 아버지께서 카메라를 여러 대 가지고 계셔서 그걸 빌려 쓰며 사진에
빠져들었죠. 처음엔 취미로 시작해서 늘 카메라를 들고 다니며 친구들과 일상을 찍었어요.
어느 순간 사진가가 되어야겠다고 결심했고, 해외에서 일할 기회가 찾아왔어요. 그걸 계기로
홍콩으로 이주하며 본격적으로 사진의 길을 걷고 있네요.

지금까지 사진이 크리스토퍼 곁에 있는 이유는 무얼까요?
찍든 감상하든, 사진은 호기심을 끊임없이 불러일으키기 때문이에요. 저는 촬영할 때
인내심과 꾸준함을 중요하게 생각해요. 사진은 결국 시간과의 싸움이니까요.

**35밀리미터 필름에 담긴 동양의 색이 서정적이고 아름다워요. 한국 독자들에게 사진을
소개하고 싶다는 연락을 받고 어땠어요?**
정말 기뻤어요! 누군가한테 선택받는다는 건 그 자체로 선물이니까요.

이번 호 주제는 '선물'인데, 주제와 맞닿은 장면이 보여요. 꽃, 풍선 같은 것들이요.
평소 '축하' 장면을 의도적으로 찍진 않아요. 다만 색, 형태, 반복, 빛 같은 사진의 기본
요소들이 어우러지는 모습에 자연스럽게 끌리는 것 같아요.

가장 마음이 가는 피사체가 있다면요?
해외에서 지내며 할머니와 함께할 시간이 줄어든 것이 늘 아쉬웠는데, 몇 년 전 할머니께서
돌아가시면서 사진의 진짜 의미를 깨달았어요. 그 일을 겪은 후, 이제는 가족과의 시간이
가장 소중한 피사체가 되었죠.

가족의 존재를 곧 선물로 여기고 있네요. 그들과 보낸 잊지 못할 순간을 들려주세요.
올해 초 캄보디아에 다녀왔어요. 돌아가신 할머니와 할아버지의 삶을 기념하기 위해서요.
수도에서 몇 시간 떨어진 할머니의 고향 마을에서 전통 방식으로 의식을 치렀어요.

캄보디아 문화에 관해 더 듣고 싶어요. 특별한 자리에 꼭 오르는 음식이 있나요?
일반적인 축하 자리에서는 '튀긴 생선 요리Trei Beong Kanh Chhet'를 자주 볼 수 있어요.
'찹쌀볼에 코코넛 크림과 참깨를 곁들인 디저트Banh Ja'Neuk'도 즐겨 먹고요.

**무척 궁금하네요. 고향 멜버른을 떠나 홍콩에서 지낸다고 했는데, 두 도시의 선물 문화가
다른가요?**
아, 많이 달라요. 홍콩은 선물을 주고받는 행위를 중요하게 생각하는 문화예요. 사람들은
직접 무언가를 주며 마음을 표현하죠. 반면 멜버른, 즉 호주는 꼭 물건이 아니어도 진심이
담긴 행동이라면 선물이 될 수 있다고 보는 것 같아요.

**마음이 담겼다면 무엇이든 선물이 될 수 있죠. 개인적으로 누군가를 위해 선물을
준비해야겠다고 결심하는 때는 언제예요?**
선물을 해야 해서가 아니라 하고 싶을 때요. 그게 제가 좋아하는 방식이에요.

Giving The Gift Of My Learning
나의 배움을 선물하는 일

윤소정―트루스

그에게는 여러 수식어가 따라붙는다. 낮에는 브랜드 교육 기획 회사의 대표와
코스메틱 브랜드의 디렉터로 일하고, 밤이 되면 학습 커뮤니티의 클럽장으로
사람들과 소통하며 구독자에게 보낼 글을 쓴다. 어느 하나의 이름으로도
쉬이 설명하지 못할 때, 그는 결국 'Learner(배우는 사람)'로 남게 될 것이라고
말했다. 다른 이가 달아준 이름표가 얼마나 중요하겠는가. 실로 그는 치열하고
차곡히 자신이 배워온 것을 다른 이들에게 나누는 일을 하고 있었다.

에디터 황진아 포토그래퍼 최모레

INSIDE ROOM

언제나 쓰는 사람

사람들은 그의 생각을 구독하기 위해 한 달을 기다리고 기꺼이 값을 지불한다. 우연히 블로그에 쓰기 시작한 글은 '윤소정의 생각구독'이라는 서비스로 이어졌다. 그는 매일 밤, 온몸으로 부딪히며 배운 발견과 좌절, 번뇌와 환희의 날들을 기록했다. 그 글은 누군가와 나눈 대화 속에서 얻은 영감일 때도 있고, 생생한 출산과 육아의 현장일 때도 있으며, 자신이 학습한 것에 대한 성찰일 때도 있다. 자신을 성장시키는 콘텐츠를 만들고 실행하는 과정을 매일 공유하며, 10만 명이 넘는 독자들은 윤소정의 '영혼의 친구'가 되었다.

음료가 정말 맛있네요. 이곳 뷰클런즈는 잠시 멈춰 오롯이 나를 돌아보는 시간을 갖는 곳이라고요.

맞아요. 뷰클런즈는 쉼이 필요한 사람들을 위한 카페이자 공간이에요. 20대 때 저는 '인큐'라고 하는 '나를 공부하는 학교'를 운영했어요. '나다운 것은 무엇일까?'라는 질문에서 출발해 인문학으로 자신을 탐구하는 교육 기관이었죠. 2011년부터 2018년까지 약 2만 명이 그곳을 거쳐 갔고, 그만큼 많은 분의 도움 덕분에 제가 성장할 수 있었어요. 8년 동안 천 개가 넘는 수업을 만들며 그간 '우리는 왜 나에 대해 공부하지 못했을까?'라는 질문을 계속했는데, 결국 답은 간단했어요. 잠시 멈춰 자연 그대로의 나로 있어 본 적이 없었던 거죠. 제가 당시 스웨덴으로 출장을 가서 그곳 사람들의 생활이나 사고방식을 보면서 그걸 느꼈는데요. 거기는 사람들이 정말 '좋아하는 일'을 해요. 그때 알게 된 스웨덴의 커피·차 브랜드 '뷰클런즈'를 한국에 들여오면서 그들과의 인연도 이어졌고, 이곳의 이름으로도 짓게 되었어요. 원두를 저희에게 보내주는 것도 로열티나 대가 때문이 아니라 그저 좋아서 하는 일이에요. 그런 삶을 처음 보면서, 20대에 제가 '나를 공부한다'고 하면서 사실은 스스로를 너무 몰아붙였다는 걸 깨달았죠. 그래서 지금 우리에게 필요한 건 '아무것도 하지 않을 때도 아름답다는 것'을 아는 감각이라고 생각해요. 주말만 되면 뭐라도 해야 할 것 같고, 팝업에 가야 하고, 공연도 봐야 한다는 압박이 있잖아요. 그런 '해야만 한다'는 마음을 잠시 내려놓고, 아무것도 하지 않는 상태 그대로 머물 수 있는 공간. 그걸 느끼게 해주고 싶어서 만든 곳이 뷰클런즈예요.

대표님은 오롯한 휴식을 잘 즐기고 있어요?

저는 그래도 잘 쉬는 편인 것 같아요. 어떻게 쉬어야 하는지를 알게 됐거든요. 제가 터득한 휴식의 조건은 두 가지였어요. 첫째는 무언가를 해야만 한다는 생각이 없고, 둘째는 마음에 걸림이 없는 상태예요. 그래서 저는 평일에 정말 열심히 살아요. 그래야 아이와 함께 있을 때 마음에 걸리는 것 없이 그 시간에만 집중할 수 있거든요. 그 두 조건만 갖춰져도 삶에 여백이 생겨요. 저는 그런 여백이 있어야 타인을 품을 힘이 생긴다고 생각해요.

주로 어떨 때 마음에 걸림이 생겼나요?

누군가에게 상처 주는 말을 했거나, 일을 깔끔하게 마무리하지 못한 뒤에 집에 돌아가 침대에 눕잖아요. 그럼 계속 그 일들이 생각나요. 저는 그 상태를 만들지 않으려고 해요. 제가 하고 있는 디렉팅이라는 일이 사실 나이스한 성격과는 잘 맞지 않을 수도 있어요. 때로는 모진 말도 해야 하거든요. 그런데도 이 일을 오래 해오면서 저만의 방식으로 균형을 찾았어요. 저는 침대에 올라가는 순간만큼은 무엇도 떠올리지 않는 것을 철학처럼 지키거든요. 그게 안 될 것 같으면 어떻게든 제 감정을 먼저 다뤄요. 누구나 처음 떠오르는 생각은 거칠고 지질할 수 있잖아요. 그걸 있는 그대로 두지 않는 거죠. 달리기를 하든, 글을 쓰든, 생각을 바꾸고 또 바꿔서 더 넓게 보고 더 성숙한 방향으로 다시 정리하는 편이에요.

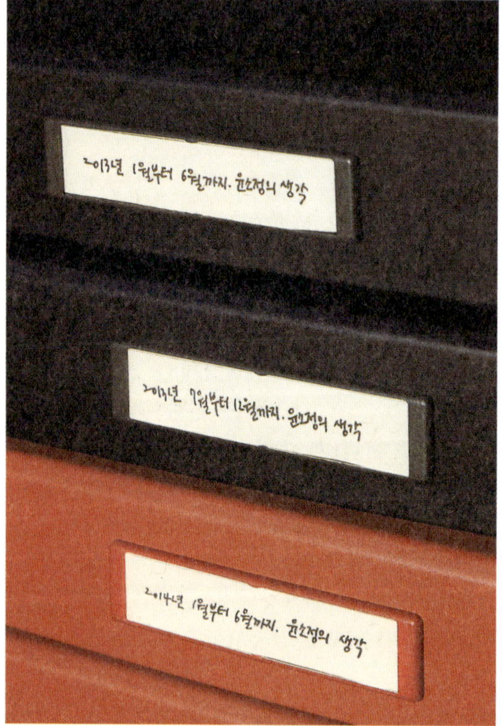

2010년에 블로그에 글을 처음 쓰기 시작했다고 알고 있어요. 일주일 만에 파워블로거가 됐고요. 그땐 어떤 기록을 하셨어요?

친구를 따라 처음 블로그를 쓰기 시작했어요. 술 마시며 적은 날것의 기록이었죠. 당시 제가 모태 솔로였다가 만난 남자 친구가 있었는데요. 문자로 쉼표 부호 하나를 보내더니 이별 통보도 없이 사라져 버렸거든요.

어머…. 잠수 이별을 당한 건가요?

네, 잠수를 타버렸어요. 저는 헤어진 이유를 모르니까 자책이 끝도 없이 이어지더라고요. '내가 뭘 잘못했지?'에서 시작해 '내 다리가 두꺼워서 싫었나?', '나와의 스킨십이 싫었나?' 같은 자책하는 질문을 하게 되는 거예요. 나 자신을 공격하게 되니까 너무 힘들더라고요. 그렇게 괴롭던 시기에 친구를 통해 싸이월드 블로그를 알게 됐어요. 어느 날 엉엉 울면서 감정이 그대로 묻어나는 글을 그곳에 올렸는데, 댓글이 엄청나게 달렸어요. '나도 이별했다'는 반응들이요. 그게 제 인생 첫 번째 글의 경험이었어요. 신기한 게 제가 울면서 쓰면 사람들이 같이 울고, 꾸며 쓰면 꾸며 썼다는 걸 바로 알아차리더라고요. 그때 SNS의 본질을 확실히 깨달았죠. 사람들과의 에너지가 그대로 오가는 곳이라는 걸요. 너무 외로웠던 저에게 건네준 그 댓글들이 너무 좋아서 그때부터 저는 나를 숨기지 않는 글, 말하자면 나를 벗겨내는 글을 계속 쓰기 시작했어요.

그 뒤로도 여전히 글을 쓰고 계시죠. 오랜 시간 글을 써오다 보면 기록의 양상이 변하는 시기도 있었을 것 같아요.

처음에는 정말 날것 그대로의 글을 쓰다가, 제가 어느 순간부터 '내가 믿고 싶은 나'의 모습을 쓰기 시작하더라고요. 타인을 의식한 글을 쓰기 시작한 거예요. 나는 사실 그런 사람이 아닌데, 그런 사람인 척 글을 쓰는 거죠. 생각구독 서비스를 시작한 이유는 처음엔 사람들 눈을 피해서 순순한 내 글을 쓰고 싶은 의지 때문이었어요. 블로그에 올린 글을 엄마 친구들, 시어머니 지인들까지 보고 계셨거든요. 그래서 8년 동안 쓰던 블로그 일기장을 덮고 구독 서비스를 시작했어요. 조금 더 솔직해지고 싶어서요. 차라리 돈을 내고 구독하는 분들에게만 글을 보여주자고 마음먹은 거죠. 정말 원해서 찾아오는 사람들하고만 깊이 있는 글을 나누고 싶었거든요. 생각구독을 시작하면서 '척'했던 내가 아니라 원래 내가 쓰던 날것의 글들을 쓸 수 있었어요. 나의 창피한 모습, 구린 모습, 부끄러운 모습, 한 번쯤은 괜찮은 모습들을 울며불며 솔직하게 써 내려가게 됐죠. 신기하게도 글은

계속 수정하다 보면 마음이 달라지거든요. 저는 글을
한 번에 쓰지 않고 최소 열 번은 넘게 고쳐요. 수정
횟수만큼 내 마음을 고치게 되고요. 글을 다듬으며 결국
내가 나의 선생이 되고, 나 자신의 친구가 되고, 나를
응원하는 사람이 되어 그 글을 바라보게 되더라고요.
그렇게 나와 대화를 하다 보니 비로소 '나를 속이지
않는 글'을 쓸 수 있었어요.

"생각 공유를 하려고 했던 이유는, 내 생각이
어떻게 크는지 공유하기 위해서야. 깨어난 사람은
매달 새로운 단어와 문장을 가질 수 있어. 그만큼
고민하고, 자신 안을 깊게 볼 수 있기 때문이지.
그래서 매달 새로운 글을 쓰는 것에 자신 있었고,
의미 있을 거라 생각했어. 그래서 누구보다
솔직하게 내 고민들을 적어둬. 그래야 내가
해결하는 과정도 함께 공유할 수 있을 테니까."

— 〈윤소정의 생각구독〉 중에서

**글을 쓰면서 썩 괜찮지 않은 나의 모습을 정면으로
응시하는 거네요.**
맞아요. 나를 속이지 않는 글을 쓸 수 있는 지점까지 가야
비로소 회고가 가능해져요. 회고가 가능해지면 그다음
단계가 열리죠. 여정 하나가 끝날 때마다 내가 얻은
인사이트를 분명히 확인하게 되고, 그 경험들이 쌓이면

글이 점점 심플해져요. 보통은 감정이 중구난방으로
흘러가는데, 그게 아니라 가지치기를 하면서 핵심
인사이트를 정확히 붙잡고 그 지점에서 이야기를 풀어내는
글이 가능해지는 거죠. 좋은 선생님은 자기 안에 있는
이야기들을 다 쏟아내는 게 아니라, 정말 중요한 한 가지를
정확하게 골라서 전달하는 사람이거든요.

"벌써 10년째야. 이렇게 삶을 곱씹었던 건.
지난달에는 출산을 하고 온몸의 뼈가 벌어진
상태로 손가락 마디마디가 다 부어오를 때까지
글을 썼어. 너에게 그 글을 발송하고 난 뒤
난 한참을 울었어. 너무 아팠거든. (중략) 그런데
말이야. 그렇게 쓰지 않았다면 난 출산에 대해서,
엄마가 되는 과정에 대해서 의미를 해석하지
못했을 거야. 한 템포 미뤄둘까도 생각했지만,
또 이번 달은 이번 달의 사건들이 닥쳐오는걸.
이번 달도 해석해야 할 일이 수두룩 쌓여있는걸.
매일 적는 삶을 살다 보면 닥쳐온 운명 조각
하나하나가 Next step으로 가는 놓치면 아쉬운
힌트라는 걸 느끼거든. 물론 내가 조금 더 똑똑한
사람이었다면 그 순간순간 바로 삶이 주는
메시지를 알아차렸겠지. 하지만 난 써야
해석할 수 있는 느린 사람이라 써야 했어."

— 〈윤소정의 생각구독〉 중에서

함께 배우는 삶을 선물하는 것

윤소정이 걸어온 길에는 언제나 배움이 있었다. 그는 영화 〈사운드 오브 뮤직〉(1969)의
마리아 같은 선생님을 꿈꾸며, 20대에 인문학을 가르치는 교육 기관 인큐를 운영했다.
'좋은 학습 환경에 있으면 우리는 모두 변화하고 성장할 수 있다.'는 믿음을 가지고 브랜드
교육 기획 회사 트루스, 커피와 쉼을 파는 카페 뷰클런즈, 세상에 없던 어린이 교육 기관
뛰어노는 논술까지 다양한 라이프스타일 브랜드를 운영하고 있다. 그는 멈추지 않고 계속
배우며, 개인에서 브랜드에 이르기까지 모두가 함께 발전할 수 있는 환경을 만들어가고 있다.

윤소정이라는 사람을 소개할 때 다양한 수식어가 붙게
되죠. 영어와 인문학을 가르친 강사이기도 했고, 자신의
성장 노하우를 나누는 교육 기획자이기도 해요. 현재는
'러쉬LUSH'의 크리에이티브 디렉터 일도 하고 있고요.
대표님께서 일을 통해 꾸준히 전하고자 하는 메시지는
무엇인가요?
아마 많은 분들이 기억하는 제 모습은 선생님일 거예요.
제가 제일 잘하는 일은 기획일 테지만, 시간이 흘러 결국
남는 건 '배우는 사람'이라는 정체성이 아닐까 생각해요.
역할은 상황에 따라 변하죠. 오늘 일정 중에 가야 하는
콘퍼런스에서 저는 디렉터로 소개될 거예요. 매체에서는
유튜버, 작가 다양하게 적히기도 하고요. 대중은 러쉬라는
브랜드에 더 익숙하다 보니, 러쉬의 크리에이티브
디렉터로 불릴 때가 훨씬 많아요. 하지만 제가 정말 일로
보여주고 싶은 건 딱 하나예요. 배우는 건 정말 즐겁다는
것. 학습은 너무 재미있다는 거예요.

우리는 어떤 순간에 배움의 즐거움을 실감할 수
있을까요?
사람은 그냥 배울 수 없어요. 사람을 바꾸는 건 강의나 책,
유튜브, 심지어 제가 쓴 글도 아닌 배우는 환경이에요.
돌아보면 제가 했던 일은 모두 그 환경을 만드는
일이었어요. 글을 쓰고, 공간을 만들고, 러쉬에서 여러
프로젝트를 할 때도 공통점은 단 하나, 사람이 자랄
수 있는 환경을 만들었어요. 저도 정말 아무것도 없는
상태에서 배워서 여기까지 왔거든요. 수많은 선생님을
만났고, 저를 응원해 주는 사람도, 함께 공부할 친구도
있었어요. 혼자 책만 읽어서는 절대 보지 못했을 세계를
누군가가 보여줬어요. 그 경험들이 저를 키웠고, 저는 그걸

너무 잘 알아요. 그런데 어른이 되면 이상하게 '학습의
힘'을 안 믿어요. "바빠 죽겠는데 무슨 학습이야." 하고요.
하지만 학습이 시작되는 순간, 조직은 반드시 커요. 아이가
크는 방식, 어른이 크는 방식, 조직이 크는 방식은 모두
똑같아요. 좋은 경쟁자를 두고, 모방할 수 있게 하고,
조금 더 높은 목표를 쥐여주고, 인정하는 분위기를 만들면
사람은 무조건 성장해요. 저는 그 네 가지 환경을
어떤 영역에 있든 동일하게 만들어온 사람인 거죠.

그 일들의 시초에는 인문학이 있었죠. 10년 전, 인문학
관련 도서 《인문학 습관》을 집필하셨어요. 대표님이
운영하는 유튜브 소개 글은 '일상을 가꾸는 인문학
습관'이고요. 인문학이 대표님에게 중요한 키워드인
이유는 무엇일까요?
제가 스물한 살 때 영어 강사로 일을 처음 시작했어요.
그때 처음으로 프로젝트 형식의 영어 수업을 진행하며
많은 수강생을 가르쳤는데, 이상하게 그 누구도 영어
강의를 원하지 않는 것 같았어요. 그래서 한 명씩 인터뷰를
해보면서 사람들이 무엇을 원하는지 알아보려 했죠.
대부분은 영어가 꼭 필요해서가 아니라, 스펙을 위해,
취업을 위해, 혹은 남들이 다 하니까 시작한 경우가
많았어요. 사람들과의 대화를 통해 처음엔 사람들이
'자신의 꿈을 찾고 싶어 한다.'는 걸 알았어요. 그런데
결국에는 꿈보다 먼저 필요한 것은 자기 자신을 이해하는
일이었어요. 그걸 알려줄 방법을 고민하다가 인문학을
발견했고요. 예를 들어 도스토옙스키의 책을 읽으면,
우리는 '악'을 단순히 처벌의 대상으로만 보지 않아요.
그 안에 있는 본능을 들여다보게 되죠. 그 본능은 사실
우리 안에도 존재하니까요. 살인자의 서사를 읽으면서도

내가 거탄은 것은 이것이
속에 내가 그린 것들과 비교
하지만 내가 상상한 안내한 세상과 비교하는
것이 아니라 이 세상을 있는 그대로 바라보는
것, 그 자체를 사랑하는 것이 필요했던 거야
— 싯다르타 page
들은 사랑할 수 있지
있다면
순수함이
미아   싯다르타 p

01

소정씨, 퍼즐 맞춰봤어?
인생은 퍼즐 조각 같아.

길거리에서, 전 직장에서, 웬수 같은 놈한테도
퍼즐 조각 하나씩 획득할 수 있어.

오늘 나와의 만남도?
그저 하나의 퍼즐 조각일 테지.

하지만..

묘하게 공감하게 되는 이유가 바로 그거잖아요. 그걸 이해해야 인간이 보이고, 나 자신도 보이기 시작해요. 그래서 스물네다섯 살 때부터 인문학을 공부하기 시작했고, 실제로 인문학을 기반으로 자신을 공부하는 학교 인큐를 운영하며 서른두 살까지 업으로 삼았어요.

인큐에서는 어떤 방식으로 공부했어요?

그곳에서는 책 한 권을 읽는다고 끝나는 게 아니었어요. 그 책을 가지고 대화도 하고, 수업으로도 풀어보고 때로는 게임으로도 만들어보면서 계속 다뤄야 했죠. 하나의 텍스트를 여러 방식으로 써보면 이해도가 압도적으로 높아진다는 걸 그때 알았어요. 그래서 제가 읽은 책의 수는 많지 않을지도 모르지만, 한 권을 백 번 넘게 읽은 책들도 있어요. 그렇게 하면 그 책이 몸에 체화되고, 체화된 것을 활용할 일이 훨씬 많아지죠. 많이 읽었다고 끝나는 게 아니라 그 내용을 외울 수 있어야 하고, 외움을 넘어서 남에게 설명할 수 있어야 해요. 더 나아가 듣는 사람이 그 말의 매력을 느끼게 해야 하고요. 그래야 내가 그걸 실천할 수 있고, 실천이 쌓여 습관이 되고, 습관이 될 때 사람들이 믿고 따라오기 시작해요. 사람들이 가장 반감을 느낄 때가 '말하는 것과 행동이 다를 때'거든요. 그런데 누군가가 생각하는 대로 행동까지 해내면, 사람들은 자연스럽게 따라와요. 그때가 리더십이 만들어지는 순간이죠. 그 단계가 되어야 비로소 제대로 가르칠 수 있고, 그걸 넘어서 평가할 수도 있는 거예요.

왜 우리는 인문학을 공부해야 한다고 생각하세요?

인문학이라는 건 결국 인간의 무늬를 공부하는 학문이잖아요. '분文' 사가 문신의 문자이기도 힌데, 그게 인간에게 새겨진 결 같은 거예요. 나무마다 고유한 결이 있듯이, 사람에게도 저마다 결이 있죠. 그걸 모르고 어떻게 사람들과 함께 살아갈 수 있을까 싶어요. 같은 기획을 하더라도, 인문학을 공부한 사람이 만드는 기획은 훨씬 더 본능적이에요. 제가 자주 하는 피드백도 그거예요. 억지로 만드는 게 아니라, 그 사람이 스스로 그렇게 되도록 만드는 것. 그게 인간적인 흐름이거든요. '자연스럽다'의 '연然' 자가 '그러할 연'이라는 의미인데요. 그냥 가만히 있는 모습이 아니라, 각자 어떤 역할을 맡거나 어떤 행동을 할 때 자기 에너지를 태우고 있는 상태를 말해요. 사람도 식물도 그렇게 자기 에너지를 쓰고 있을 때 자연스러운 거예요. 인문학을 공부하면 그런 자연스러운 결과물을 만들어내는 힘이 생겨요. 기획은 결국 리더가 큰 그림을 가장 선명하게 가지고 있고, 팀원들은 그 그림을 계속 따라가도록 만드는 일이잖아요. 그런데 사람에 대한 이해가 없다면 그게 어렵죠. '사람을 쓴다'는 표현을

우리나라에서는 부정적으로 받아들이지만, 사실 누군가의 재능을 써준다는 건 굉장히 고마운 일이에요. 그 재능을 잘 쓰려면, 인문학을 알아야 해요. 인문학이라는 단어를 너무 거창하게 생각할 필요도 없고요. 결국 인문학은 '수천 년 동안 인간에게 남겨진 무늬를 읽는 일'이에요. 나와 네가 공유하는 게 뭔지, 공통된 상식을 발견하는 일인 거죠.

대표님 기록을 보면 시기별로 곁에 가까이 두고 살피는 사람들이 있었던 것 같아요. 한때는 영화 〈사운드 오브 뮤직〉(1969)의 마리아 선생님을 무척 좋아했다고요.

실제로 그래서 영화의 배경인 오스트리아 잘츠부르크에도 가볼 정도였으니까요. 왜 내가 마리아를 그렇게 좋아했는지 이해하는 데 15년 정도 걸린 것 같아요. 아마도 마리아 선생님은 가르치지 않아서 좋았나 봐요.

가르치지 않아서요?

네. 마리아 선생님은 선생님이긴 하지만, 단순히 가르치는 사람이 아니라 함께 노래하고 사람들의 일상을 바꾸는 경험을 주는 사람이었거든요. 저는 마리아 선생님으로부터 독립하는 데 시간이 꽤 걸렸어요. 너무 좋아했으니까요.

그렇게 동경했던 이로부터 왜 독립하려 했어요?

제 연차가 쌓이고 역할이 확장되면서, 10년 차 이하의 후배들에게는 단순히 옆에서 같이 달릴 수 있는 선생이 되지 못하는 걸 깨달았거든요. 돈 모으는 걸 예로 들면, 자본이 많지 않은 상황에서는 옆에 5천만 원을 가진 사람이 알려주는 방법은 와닿지만 500억, 5천억 가진 사람이 말해주는 건 피부에 안 와닿아요. 그걸 깨닫고 나 자신과 선생님 역할을 분리하는 데 시간이 오래 걸렸어요.

아, 선생님의 역할을 계속하고 싶었나 봐요.

그랬던 것 같아요. 영화 배경이 된 잘츠부르크에 갔을 때도, 마리아 선생님을 존경하며 혼자 갔는데 너무 재미가 없더라고요. 노래를 부를 때 옆에서 함께 따라 불러주는 사람도 있어야 하고, 남편 같은 동반자도 있어야 하는데 말이에요. 그때 깨달았어요. 나는 관계 속에서 성장하는 사람이라는 걸요. 저는 이른 나이에 일을 시작해 동년배 친구들을 가르쳤는데, 전 그들과 친구가 되고 싶었거든요. 그런데 나는 늘 혼자 고독하게 거리를 지켜야 하는 사람인 거예요. 제 성정이 그렇게 독하지 못한 게, 디렉터로서는 큰 치명타였어요. 디렉터라는 역할은 때로 '미친 사람'처럼 단호하고 강하게 나아가야 하는데, 저는 늘 뒤를 돌아보는 사람이고, 친구로 남고 싶은 마음이 커요. 함께 놀고, 찜질방에도 가고, 술도 마시며 곁에 있고 싶은 사람.

늘 외로움이 많은 제 성정이, 디렉터로서의 저에게는 어떤
한계이기도 했던 것 같아요.

**조직을 이끌어야 하는 자리라 더 외로울 수밖에
없었겠네요.**

맞아요. 마리아 선생님을 좋아했던 것처럼 제가 시기별로
좋아하던 대상도 달랐는데, 어릴 때는 특히 '빨강 머리
앤'을 무척 좋아했어요. 지금도 저희 엄마와 남편은
빨강 머리 앤을 보면 깜짝 놀라곤 해요. 제 성격과 너무
똑같거든요. 슬프게 울다가도 금세 다시 해보겠다며
달려가는 모습, 아마 당시의 저는 앤처럼 행동하고 싶었던
것 같아요. 아니면 앤과 비슷한 제 모습을 좋아했기
때문인지도 모르겠네요. 앤에게는 친구 다이애나가
있는데, 저는 그런 다이애나 같은 단짝 친구를 너무 갖고
싶었어요. 그런 소울메이트가 단 한 명도 없었거든요. 많은
사람을 만나면서 서로 좋아하기도 했지만, 마음이 완전히
통하는 사람은 없었죠. 남편과 결혼하고 나서도 잘 살게
된 게 최근 6년 정도로 얼마 되지 않았거든요. 처음부터
마음이 잘 맞았던 건 아니에요. 싸움과 시행착오를
반복하며 서로에게 맞는 환경을 만들어온 거예요. 그래서
초기에 남편조차 제 마음을 완전히 알아주지 못할 때,
내 마음을 알아봐 주는 사람이 나라도 됐으면 좋겠다
생각했고, 그렇게 저는 스스로 영혼의 친구가 되어줘서
글을 쓴 거예요.

**그렇게 오랫동안 글 쓰고 일해오면서 발견한 자신의
강점도 있어요?**

생각이 현실로 되게 만드는 힘이요. 제가 2012년에
인큐를 세울 때, 2020년쯤이면 교육 문화를 바꿀 수 있을
거라고 생각했어요. 그런데 10년이 지났는데도 아무것도
바뀌지 않았죠. 그때 좌절감은 엄청났어요. 그런데 시간이
지나면서 '조금 다르네.' 하며 알아봐 주는 사람이 하나둘
생기기 시작했어요. 결국, 처음 심었던 씨앗을 오래오래
가꾸는 일을 잘해왔던 것 같아요.

끈기라고 말할 수 있을까요?

제 생각에 끈기랑은 조금 다른 것 같아요. 흔히 끈기라고
하면 그냥 오래 하는 걸 떠올리는데, 저는 그렇게 똑같은
방식으로 지속한 게 아니라, 상황에 맞게 방법을 찾아가며
이어가야 한다고 느꼈어요. 예를 들어 나무 하나를 키워도
때로는 가지치기를 하고, 때로는 병충해를 잡고, 때로는
그대로 두어야 할 때도 있어요. 솔루션은 시기에 따라 모두
다르죠. 저는 같은 일을 같은 방식으로 반복한 게 아니라,
상황에 따라 다른 방식으로 접근하며 학습하고 적용해
왔어요. 오히려 이건 학습력에 가까워요.

이 방법도 써보고, 저 방법도 써보면서요. 저는 정말
평범한 사람이었어요. 그래서 평범한 사람이 어떻게
학습해야 하는지를 잘 알아요. 난독증이 있기 때문에
어떻게 글을 익혀야 하는지도 경험적으로 알고 있죠.
그 씨앗을 정말 집요하고 오래 가꿔오는 걸 잘했던 것
같아요.

**여담이지만 주변 동료들이 '선물 전문가'라고
부른다면서요?**

저는 직업을 선생님으로 시작했잖아요. 선생님은 유일하게
'주는 것'이 직업인 사람이에요. 내가 가진 것을 공유하고,
상대방을 성장시켜야 하죠. 그런데 중요한 건, 그냥
내가 주고 싶은 걸 주는 게 아니라 상대방이 받고 싶은
걸 주어야 한다는 거예요. 항상 상대가 무엇이 필요한지
살피는 것이 저한텐 일의 본질이었어요. 아마 그래서
주변에서 '전문가'라고 부른 게 아닐까 싶네요(웃음). 아,
저희 엄마한테서 배운 가장 좋은 선물의 법칙도 있는데요.
남에게 무언가를 줄 때는, 내가 갖고 싶지 않은 것이
아니라 가장 아끼는 것을 주라는 거예요. 그게 저한테는
좋은 선물의 정의예요. 마음을 다해 고마워하고 사랑하는
사람에게, 평소 제가 아끼는 가장 소중한 것을 주는 거요.

**대표님이 주변 사람들에게 줄 수 있는 가장 좋은 건
무엇이에요?**

사람들을 연결해 주는 일이요. 제가 가진 것보다
제 주변에는 훨씬 좋은 사람들이 많거든요. 그 사람들끼리
친구가 되도록 소개해 주기도 하고, 일로도 연결해 주고,
심지어 결혼까지 이어주기도 했어요. 저는 훌륭한 인간은
아니거든요. 그런데 그 대단하지 않은 저를 받아줄 수 있는
사람이 곁에 있었기 때문에 이만큼 성장했다고 생각해요.

그에 대한 수많은 기록을 꼼꼼히 공부하고 긴 대화를 나눈
뒤에도, 한 사람을 지면으로 채우는 일은 여전히 짐작하기
어려워 돌아오는 길 내내 마음이 무거웠다. 단편적으로
탐색한 어떤 이에 대한 기록은 편협하기 마련이라,
편집자의 시선으로 옮긴 활자들은 늘 조심스럽다.
그럼에도 내 마음에 오래 떠올랐던 그의 모습을 적어본다.
처음 보는 이에게 눈을 맞추고 흔쾌히 악수를 청하는
사람, 인터뷰 중 내가 마신 차를 기억해 헤어질 때 티백
상자를 선물로 건네는 사람, 어색한 촬영 제안에도
호쾌하게 웃으며 새로운 포즈까지 제안하는 사람, 그래서
그는 부유하던 나의 걱정을 한 줌 가뿐하게 덜어주는
사람이었다.

I Like You And Your Letter
이런 우정을 기다려왔어

김사월—뮤지션, 작가 · 이원—시인, 사진가

"집이 좀 바뀌었네? 뭔가 많이 비었어. 깨끗하고 아름답다." 사월의 집에 도착한 휜이 말한다.
집의 변화를 감각한다는 건 이미 그 공간과 친숙하다는 이야기겠지. 방 한쪽에 자연스레 앉아
사월의 짧은 문장에 "아, 그거!" 하고 반응하는 휜, 휜의 느릿한 한마디에 "넌 정말 대단하다."
감탄하는 사월. 길게 대화 나누지 않고도 속속들이 서로를 아는 덕에 대화는 둥글고 짧은 궤도를
그리며 사이좋게 오고간다. 배려하느라 조심스러워지고 말 한마디도 몇 번을 곱씹는 섬세한 만남도
좋지만, 서로를 침범하는 게 자유로울 때 우리의 마음은 마음껏 구겨지고 깨끗하게 펼쳐질 수 있다.
조금 덜 조심하게 되는 우정, 실로 오랜만에 순하고 무구한 그 우정 사이를 마음껏 유영한 기분이다.

에디터 이주연(산책방) 포토그래퍼 강현욱

역시 삶은 순간밖에 없는 것 같아요.
약간의 지속과 조금의 기록이 있을 뿐이니까요.

딱 알맞고 정확한 것을 주고 싶어

　사월 씨가 소개에 관해 이런 이야기를 하신 적이 있죠.
"지금까지는 있으나 마나 한 글귀, 이를테면 '자기만의
이야기를 하는 뮤지션' 등으로 소개했다." 그럼에도
소개로 대화의 문을 열지 않을 수가 없어요. 오늘의 나를
부담 없이 소개한다면, 뭐라고 이야기하고 싶어요?
사월 뮤지션으로 무대에 오르거나 매체에 실릴 때면 쉽고
간단하게 소개할 수 있는 수식어가 필요한데 정말 나를
소개하고 있다는 소개말을 찾기가 어렵게 느껴져요.
지금 저는, 그냥 '이것저것 하는 사람'이에요. 요즘은
제 음악이나 의뢰받은 영화 음악을 만들고 글을 쓰면서
지내고 있어요.
훤 저도 공식적으로 소개하는 자리가 있을 때마다
비슷하게 소개하는 게 지루해져서 어떻게 하면 재미있게
소개할 수 있을까 고민하곤 해요. 여전히 답은 찾지
못했지만, 요즘은 시인이랑 사진가로 소개하는 게
지겨워서 '보이고 만져지는 것을 만드는 사람'이라고
소개하고 싶어요. 그리고 턱걸이를 좋아하는 사람(웃음).

　턱걸이가 생활의 화두로군요(웃음). "보이고 만져지는
것을 만드는 사람"이란 정체성이 좀 새로운데요. 시랑
사진이 만져지는 건가요?
훤 만질 수 있게 작업해 보고 싶어요. 사진은 인화하면
물성을 만들 수 있으니까 어떤 시점에선 만져지는 것일
텐데요. 시는 만질 수 있도록 여러 도전을 해보고 있어요.

요즘 2인전을 준비 중인데, 시를 책 바깥으로 꺼내면서
시집이 아닌 형태로 어떻게 달리 만나게 할 수 있을까
고민하고 있죠. 시를 한 편만 구매할 순 없을까, 특정
시기에만 구매할 수 있는 시를 만들고 싶다, 같은 생각이
꼬리를 물어요. 사람들이 시 한 편만을 위해 전시장에
오도록 만져지는 작업을 해보고 싶어요.
사월 훤이 소개를 들으니 어쩌면 지금 하는 작업에 따라
소개도 달라지는 게 아닐까 싶어요. "보이고 만져지는 것을
만드는 사람"이란 소개만 들으면 훤만을 지칭하는 소개
같지는 않잖아요. 하지만 전시를 준비하고 있는 현재 훤의
상황을 표현하기엔 엄청 좋은 소개인 거죠.
훤 맞아요. 조금 더 얘기하자면 요즘 저는 조형적으로
뭔가를 더 하고 싶은 사람이에요. 바깥으로 튀어나오는 걸
만들고 싶다는 생각이 이어지는 건 평면에 갇혀 있는 데서
싫증을 느끼기 때문이에요. 가끔 그런 기분 들지 않아요?
내가 다루는 창작물에 장르적인 물성이 생겨서 거기
갇히는 일이 반복되면 답답하다고 느끼는.
사월 나는 반대로 디스크라는 물성에 내 창작물이 갇혀
있는 게 좋아. CD라는 전통적인 물성에 내가 만든 게
들어 있다는 게 만족스럽거든. 훤의 사진 작업 중에 '집은
어디에나 있고 자주 아무 데도 없다' 시리즈가 있잖아.
어딘가에서 벗어나는 행위가 너한테 안정감인 게 아닐까?
머물던 것을 부수고 또 다른 집을 찾고….

소개가 이렇게 작업적으로 뻗어나가는군요(웃음).
사월 씨가 "지금 하는 작업에 따라 소개도 달라지는 것
같다."는 말을 해주었는데요. 지금의 상황과 시각에 따라
소개말도 무궁무진해질 것 같아요. 휜이 사월을, 사월이
휜을 소개해 본다면 또 어떤 지점이 달라질까요?

휜 저는 공식적인 지면에서 전혀 상관없는 얘기를 하는
사람을 보면 왠지 좋거든요. 그래서 이런 식으로 이야기해
보고 싶어요. "김사월, 뮤지션. 요즘 집에 있는 컵과 책과
CD를 다 버리고 있다."

사월 마음에 드는데(웃음). 그렇다면… "이휜,
사진가·시인·산문가. 아름다운 옷과 소품을 사들이고
있다." 휜이 물건 보는 안목이 엄청 좋단 말이죠. 언제나
새롭고 예쁜 것들을 발견하고 뭔가를 집에 들이고 있어요.
대체로 아름답고 멋진 것들이죠. 반면 저는 요즘 집을
한바탕 비우는 중이라 버리는 데 집중하고 있어요. 책과
CD를 절반 이상 정리했죠. 과거엔 창작물을 버린다는 게
용납되지 않을 때도 있었는데, 어느 순간 영원히 갖고
갈 수 없다는 걸 느끼게 됐어요.

휜 부끄럽게도 저는 아름다운 걸 보면 들여올 궁리부터
해요. 최근에는 제주도 물소리라는 식물 가게에서 화분을
하나 데려왔어요. 세 종류 식물이 함께 자라는 화분인데,
물을 원하는 빈도가 비슷한 식물끼리는 한 화분에서
혼실이 된다고 하더라고요. 신기하죠?

사월 굉장히 야한 형태잖아?

휜 (웃음) 그러고 보니 김사월 소개에 '야한 걸 빼놓고
말할 수 없는 사람.'이라는 문구도 추가해야겠어요.

그 '야한 화분'은 휜 씨가 나에게 주는 선물이기도
할 텐데요. 이번 호 주제어가 '선물'이에요. 선물은 주는
사람과 받는 사람이 명확한 물건이란 점에서 보통의
물건과는 좀 다르게 느껴지는데, 두 분에게 선물은
어떤 의미예요?

휜 예전의 저한테 선물은 쉽게 주고 쉽게 받는 거였는데,
점점 더 생각을 많이 하게 되는 무언가가 되어가요. 받는
사람한테 딱 알맞은 것을 주고 싶은 마음 때문에 고민이
점점 깊어지죠. 우정을 표현하고 싶은 마음은 늘 있는데,
그걸 잘 전달할 수단이 선물밖에 없나 그런 생각도 하게
되고요. 제가 고민 없이 즐거운 마음으로만 준비하는
선물은 북토크 독자에게 드리는 선물인데요. 키링 같은,
제가 갖고 있던 굉장히 작고 사소한 물건이거든요. 처음
만나는 누군가한테 줄 걸 챙길 때는 고민보다 설렘이
앞서더라고요.

누가 받을지 모른다는 점에서 딱 맞는 걸 주고 싶다는
부담이 덜할 것 같아요.

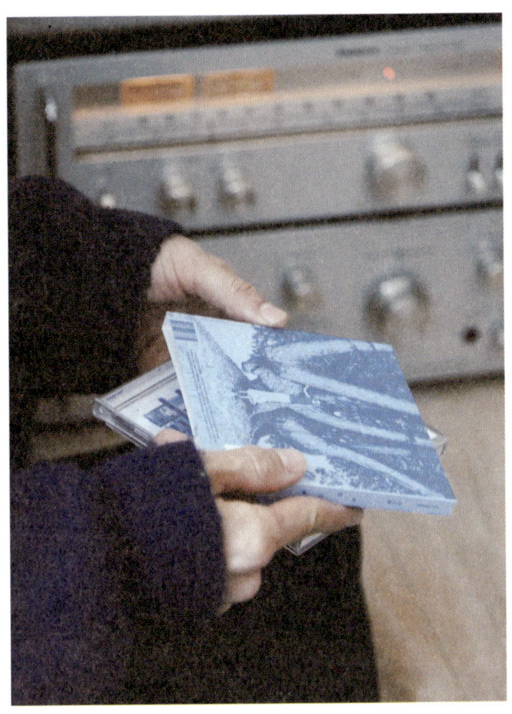

훤 그래서 마음이 편하죠. 상대를 다 알지 못하니까 제가
좋아하는 걸 줘도 괜찮다고 생각하게 되거든요. 상대에
관한 정보가 많아질수록 그 사람한테 더 알맞은 게
무엇인지 더 깊게 고민하게 돼요.
사월 저도 비슷해요. 예전에는 '주고받는 건 뭐든 좋은
거 아니야?'라는 생각으로 들떠서 이것저것 주고받곤
했는데요. 어떤 시기부터는 누군가에게 정확하게 필요한
걸 주고 싶은 마음이 커요. 그런데 친구가 필요한 걸
다 갖고 있다는 느낌이 들 때면 선물에 고민이 많아져요.
때로는 제가 주고 싶은 걸 고르는 게 아닌가 싶을 때도
있는데, 그럴 땐 좀 이기적인 것 같다는 생각도 들고요.
그래서 예전보다는 선물에 덜 헤퍼진 것 같아요. 이상한
거 줄 바엔 안 주는 게 낫겠다 싶어서요. 그러면서도
계속 좋은 걸 주고 싶은 마음은 있죠. 근데 선물 받는
처지가 되면 확실히 너그러워져요. 뭐든 다 고맙거든요.
감사하게도 독자, 관객에게 편지나 선물 받을 일이 많은데
그럴 때 특히 그래요.

**내가 준 선물을 스스로 만족스럽다고 느끼기는 어렵지만
그럼에도 있을 것 같아요. 주고서 만족스럽던 선물.**
사월 있어요. 제가 주었다기보다는 저희 부모님이 나누는
선물인데요. 부모님이 농사를 지으시는데, 두 분이 키운
농산물을 친구들한테 선물할 때가 종종 있어요. 어릴 때는
부모님이 농부라는 게 내심 부끄럽기도 했는데, 그땐 제가
농작물을 쓸 줄 모르는 사람이어서 그랬던 것 같아요.

독립하고 요리를 곧잘 하게 되면서부터는 먹거리가
얼마나 귀한 건지 실감하게 되었고, 그 이후론 친구들에게
부모님이 키운 농산물을 건넬 때, 이것이 내가 나눌 수
있는 가장 좋은 선물이라는 생각이 들어요.
훤 저도 이번에 배추랑 단감 같은 것들을 받았는데 사월이
부모님이 만들었다는 게 절로 믿어질 만큼, 그간 먹어오던
것과는 맛이 달랐어요. 세월을 들여 키운 농작물을
선물 받고, 그걸 우리 가족이 둘러앉아 먹는 느낌이 참
오묘하더라고요. 먼 시간이 오고 간다는 느낌도 들고요.
어제는 사월이 부모님이 주신 단감을 먹었는데요,
사월 그거 미쳤지.
훤 단감이 멜론 같아요.

**궁금해도 먹어볼 수 없으니 답답하고 부러운걸요(웃음).
또 특히 기억에 남는 선물 있어요?**
훤 어제까지 제주도에 있었는데, 집에 돌아오니 문 앞에
택배가 많이 와 있더라고요. 그중에 인상 깊은 선물들도
있었는데요. 제 산문집 《눈에 덜 띄는》을 편집해 주신
이하나 편집자가 《눈에 덜 띄는》 생일이라고, 세계에서
덜 보이는 것들을 같이 보자며 루페(작은 돋보기)를 선물해
주셨어요. 이 책을 만드는 과정이 본인에겐 편지를 나누는
것 같았다면서 긴 편지도 함께 담았더라고요. 워낙
아름다운 물건이라 감탄하며 그다음 택배를 개봉했는데,
열자마자 웃음이 터졌어요. 지금 책을 같이 만들고 있는
이야기장수 이연실 편집자가 보낸 물건이었는데요.
시중에서 파는 참깨스틱에 이야기장수 직원 얼굴이
프린트된 라벨 스티커를 붙여 만든 이야기장수표
과자더라고요. 대조되는 두 선물이 너무 재미있고 좋아서
기억에 남아요(웃음). 이렇게나 다른 개성의 사람들과 함께
일하고 있구나, 하는 감각을 느끼는 것도 무척 좋았고요.
사월 저는 자랑하고 싶어서 미리 꺼내봤어요. 최근에
라이브 앨범 [5202]을 만들었는데 앨범 표지를 토요다
테츠야Toyoda Tetsuya라는 일본 만화 작가님께 작업을
부탁드렸어요. 아날로그 방식으로 작업하는 분이라 스캔본
파일과 함께 원화도 국제 배송으로 받게 되었어요. 정말
특별한 선물이었죠. 그림 하나가 완성되기까지 많은
편집과 수정을 하게 되잖아요. 자세히 보면, 화이트로
고친 흔적들이 보이는데 그 부분까지 너무 좋더라고요.
고민과 정성이 가득 담긴 원화를 가진다는 게 무척 소중한
느낌이었어요.

둘이어서 쉽게 믿게 되는 거야

저는 선물의 정수는 편지라고 생각해요. 때로는 편지만으로도 좋은 선물이 되곤 하잖아요. 그런 의미에서 두 분이 나눈 편지 정말 좋았어요. 올 초 출간된 서간집, 《고상하고 천박하게》를 소개해 주실래요?

사월 우리의 기획 의도는 서간문이되 우리가 나눌 수 있는 글들을 장르에 구애받지 않고 창의적으로 많이 하자는 거였어요. '우리 재미있는 거 하자!' 오로지 그 마음이었죠.

휜 우리가 재미있는 걸 하자는 마음으로 서간집을 시작했는데 책이 나오고 나니 동료들이 '나한테 너무 필요한 책이었다.'는 말을 많이 해주더라고요. 둘의 내밀한 이야기를 꺼내놓았는데 오히려 사람이 모이는 게 신기하고 좋았어요.

사월 저도 비슷한 코멘트를 많이 받았어요. 동료들이 공감된다는 이야기를 자주 전해 주었거든요. 이 책은 편지로 이루어져 있지만 결국 우리가 서로의 거울이 되어주면서 네가 지금 어떤 작업을 하고 있고, 이게 지금 너한테 어떤 의미인지를 서로 봐주는 과정이라는 생각도 들어요. 자기 이야기도 하지만 서로를 봐주기도 하는 거죠. 창작자들은 어쩌면 이런 대화가 항상 고팠던 게 아닐까 싶더라고요.

《고상하고 천박하게》는 열린책들의 서간집 시리즈 '둘이서'의 첫 작업이었잖아요. 가이드가 없어서 자유로운 반면, 고민된 지점은 없었어요?

사월 그 점이 오히려 신났어요. '처음이니까 하고 싶은 거 다 하자!' 둘 다 이런 마음이었어요. 이다음부터는 규칙이 생길 테니까 법이 만들어지기 전에 뭐든 해볼 수 있을 것 같았죠.

휜 어쨌든 서간집이니까 편지 주고받기가 주된 포맷이기에 그 형식은 지키면서도 쓰는 방식은 자유롭게 하고 싶었어요. 짧은 산문 형태를 보내고 싶다면 산문 그대로 싣고, 사진으로 말하고 싶은 날은 사진 형태로 싣고, 가사로 쓰고 싶은 게 있을 땐 옮기기도 하고….

사월 그 과정에서 한 가지 염두에 둔 것은, 우리 둘의 우정이 사람들한테 가 닿으려면 독자들이 읽고 소외를 느끼면 안 된다고 생각했어요. '자기들끼리 신나 있네.' 하는 느낌이 들지 않았으면 했어요. 서간문이라는 이유로 팅겨 나가는 독자는 없었으면 한 거죠.

휜 아무리 편지여도 지면에 실릴 원고이고 독자들이 지켜보는 무대라는 것을 잊지 말자. 그 무대 위에 우리가 진심으로 꺼내놓을 수 있는 이야기를 올리자. 그게 원칙이었어요.

**그런데요, 책이라는 무대가 없었다면 과연 이만큼
내밀한 이야기가 오갈 수 있었을까요?**
사월 음, 잘 모르겠어요. 오히려 무대 위였기 때문에 더
내밀한 소통을 한 것 같아요. 게다가 훤은 자기 언어가
잘 쌓여 있는 사람이잖아요. 편지를 쓰는 파트너로서 그걸
잘 발견해 주며 답장해야겠다는 마음이 컸어요. 공개되지
않는 글이라면 그만큼 힘을 쓰지 않았을 수도 있었겠죠.
훤 관객이 둘러싸고 있는 무대여서 둘 다 속 깊은 이야기를
하게 됐던 거예요. 무대에서만 보이는 엄청 취약해지는
모습이 있거든요. 그런 면이 책의 형태로 기록된다고
생각하니까 처음에는 겁이 났는데요, 무대에 올라가니까
서로밖에 안 보이더라고요. 퇴고할 때에야 바깥에서
관객이 보고 있다는 걸 기억하고 '아 맞다, 누군가가 우릴
지켜보고 있었지!' 하면서 다듬게 됐어요. 이전에 쓰던
책과는 확실히 달랐죠.
사월 저희 둘 다 봐주는 사람이 있을 때 더 나다워지는
쪽으로 형성된 상태라고 생각해요. 훤이는 글을 쓰는
곳에서 원래의 훤보다 더 자기다워지는 형태로 살아왔고,
저도 무대 위에서 하는 한마디가 더 저답거든요. 그러니까
우리 우정도 무대에 펼쳐놓을 때 더 진실될 수 있던 거죠.
둘 다 변태인 거예요(웃음). 누가 봐줘야 진짜가 되잖아요.

**무대에 올린다는 점에서 보통의 편지랑은 다른 구석도
있는 것 같아요. 책을 읽으면서 깨달은 것들이 있는데,
그중 하나가 편지의 형식이었어요. 이 책 첫 글은 사월 씨
편지인데요. "몇 주 전에 쓴 일기를 타이핑하고 있"다는
대목이 나오잖아요. 생각해 보니 어떤 글이든 수신인을
붙이면 편지가 되겠다는 생각도 들더라고요.**
사월 될 수는 있지만 소통을 전제로 한 편지는 아닐 것
같아요. 사실 저나 훤이나 일기라는 형식도 가사의
토대나 글감이 되기도 하는 사람들이어서 이미 일기가
침범을 당한 자들이라고 생각하거든요. 그래서 보통
사람의 일기장에서 글을 뽑아내는 것과는 좀 다른 의미로
생각해야 할 것 같아요. 정확히 '편지'를 쓰고자 한다면
일기나 블로그 글에 수신인만 붙이는 게 아니라 전하려는
방향을 확실히 하고 글을 쓰는 게 맞겠다는 생각도 들고요.
제가 첫 편지를 쓸 때 마음은 '일기지만 너에게 편지를
쓰고 있어.'였을 거예요.
훤 어떻게 보면 일하기 위해 주고받는 이메일도 편지라는
생각이 들어요. 그렇게 따지면 우리는 정말 많은 편지를
쓰면서 사는 셈이고요. 그런데 사적인 편지는 느슨해지는
지점이 확실히 있다고 봐요. 둘만 아는 이야기로 가득
찬 편지는 둘만 재미있기 때문에, 책을 염두에 둔다면
지양해야 하거든요. 내가 할 수 있는 이야기를 하면서
바깥 사람들이 진입할 수 있는 편지를 어떻게 쓸까 고민이

많았어요. 사월과 편지 작업을 하기 전에 친구들과
주고받은 편지를 많이 열어보았는데요. 읽을수록 편지의
속성은 참 이상하게 느껴지더라고요. 상대방에게 보내는
편지지만 내 이야기만 하기 너무 쉽고, 또 상대 쪽으로만
향하면 일방향적인 이야기가 되기도 하고…. 우리의
편지들이 책이 되기 위해선 그 농도 조절을 어떻게 할지,
어느 정도 보폭으로 걸어야 누군가가 바깥에서 따라 걸을
수 있을지 고민하게 되었죠.
사월 편지가 쉬우면서도 어려운 지점이 바로 그 '보폭'
문제인 것 같아요. 자기 얘기로 이루어진 편지를 우리는
정말 많이 써왔고 아마 앞으로도 계속 쓰게 되겠지요.
우리가 받는 편지도 사실 그런 종류가 많죠. 그런데요,
서간집이 된다는 사실 때문에 고민한 거지, 사실 저는
자기 얘기로 가득한 편지도 좋아요. 특히 관객에게 그런
편지를 받을 때 좋아요. 저는 무대에서 제 얘기를 엄청나게
해버리잖아요. 노래에서도 하고, 멘트로도 하고…. 그럼
한편으로 미안하거든요. 저 힘든 얘기하면서 공연하고,
그걸로 돈을 벌고, 사랑도 받겠다는 게요. 근데 관객들이
편지에 자기는 누구고, 이 노래를 어디에서 들었고, 듣고
나서 어떤 마음이 되었고, 이런 일을 겪었는데… 하는
그들의 일상적인 이야기를 적어서 건네주면 안심이 돼요.
창작물이 통로가 되어 우리가 대화를 할 수 있는 거니까요.

**훤 씨는 책 속에 이런 이야기를 썼죠. "사월아. 편지는
늘 가까운 수단이었으니까. 그러다 시절이 바뀌고 어느
순간부터 쓰지 않게 되었다. 이상하지? 너무 많은 편지를
쓰다가 더 이상 신봉하지 않게 된 거야." 편지에 대한
마음이 어떻게 달라졌어요?**
사월 저도 훤이처럼 편지 쓰기에 허들이 높은 편은
아니었어요. 어떤 편지든 받는 건 좋아요. 읽는 사람이
나밖에 없는 글이잖아요. 그런 이유로 저도 누군가에게
편지를 쓸 때 그도 이런 지점에서 좋을 것이다, 괜찮을
것이다,라는 이상한 믿음이 있던 것 같아요. 그래서
크리스마스나 연말, 생일 같은 특별한 때 편지 쓰는 걸
좋아했어요. 상대방만 읽고 끝난다는 속성이 좋아서
어렵지 않게 생각한 거죠.
훤 온라인으로도, 실물로도 편지를 자주 쓰고 지냈는데
오히려 너무 많이 쓰다 보니까 편지를 쓰는 제 마음이
낡아버린 시기가 있었어요. 어느 순간, '진심으로 쓰고
있지만 이 마음이 과연 다 전해질까?' 하는 의구심이
들기도 했죠. 한편, 오래된 편지들을 꺼내서 읽어보면
좋기도 하지만 그 당시엔 소중했는데 어느새 다 잊어버린
이야기가 되었다는 게 안타까울 때도 있었어요. 이젠 제게
유효하지 않은 이야기들, 편지 속에 서술된 저와 다른
제 모습을 볼 때 냉소하기도 하고요. 편지라는 기록이

너무 소중했던 시간을 지나면서 덜 믿게 된 시기가 찾아온 거죠. 그러다가 사월과 작업하면서 한 사람을 향해 꾸준히 쓰는 글 안에서 제가 벌일 수 있는 일이 많다는 걸 다시 깨달았어요.

사월 편지를 좋아하기 때문에 느끼는 아쉬움을 해소하는 글쓰기였어요. 정확히는 편지가 책으로 기록된다는 점에서 해소할 수 있었을 텐데요. 저는 사실 편지는 사라지는 게 맞다고 생각하거든요. 그런데 우리 편지는 서간집이란 형태로 남게 되잖아요. 이런 보존의 속성은 편지의 진짜 속성은 아니지만, 오히려 거기서 편안함을 얻어버린 거죠.

휜 편지는 굳이 열어보지 않으면 휘발될 텐데 우리 편지는 정돈된 채로 언제든 열람 가능하다는 점이 편지 이상의 텍스트로 기능하게 해주는 것 같아요. 그러니까 편지가 어떻게 보관되느냐에서 감회가 새로워진 거죠.

"편지는 사라지는 속성이 있다."고 하셨는데요. 어떤 의미에서 사라지는 거라고 생각하세요?

사월 우린 많은 걸 기억하지만 모든 걸 기억할 순 없어요. 사람의 뇌는 한정적이기 때문에 편지 내용을 최선을 다해서 외우고 싶어도 결국 한두 달 지나면 잊히거든요. 그런 걸 생각하면 편지를 받고 나서 마음이 아플 때도 있어요. 읽고 나면 결국 잊어버리게 될 이야기를 상대는 꾹꾹 눌러서 써주는 글이잖아요. 그런 점에서 사라지는 거라고 생각했고, 그걸 생각하면 슬퍼요. 그래서 오히려 제가 누군가에게 쓸 땐 조금 더 자유로워지는 것 같기도

하고요. '어차피 휘발될 거야.'라는 생각을 하니까요.

휜 동감해요. 편지는 중요한 맘을 문장으로 옮기고, 굳이 봉투에 담아서 주는 거잖아요. 그런 점에서 마음을 전할 수 있는 최후의 수단이 편지라고 생각해요. '내 마음을 기록하고, 잘 봉해서, 상대에게 전했다.' 최선의 방법으로 건넸기 때문에 오히려 잊게 되더라고요. 그래서 제가 쓴 편지는 잘 기억이 안 나요. 거기서 완결이 되어도 괜찮아지는 거죠. 편지는 이상한 완결성 같은 걸 우리에게 주지시키는 것 같아요.

사월 맞아요. 감정은 사라져야 맞는 거잖아요. 그게 자연스러운 거고요. 근데 우리는 그걸 붙잡는 작업을 해버린 거죠.

휜 자기가 쓴 편지를 기억하는 사람도 있을까요?

저는 본의 아니게 기억할 때가 있어요. 휴대전화 메모장에 편지 초안이 남아 있거든요.

사월 저도 비슷해요. 메모장에 쓰고, 맞춤법 검사기도 돌려보고 그걸 보면서 손으로 쓰거든요. 그래서 가끔 제가 쓴 편지를 보게 돼요.

휜 초안을요? 사월이는 맞춤법 검사까지(웃음)? 저는 대부분 초안 없이 바로 쓰는 편이어서 두 사람 이야기가 새로워요. 물론 종이에 바로 쓰면 후회할 때가 많아요. 조사가 틀리기도 하고 주술 호응이 안 맞기도 하고, 나중에 보면 어느 부분에선 분명히 엉망이 되어 있거든요. 잘 써 주고 싶어서 초안을 준비하는 거지만 진짜를 주고 싶어서 초안을 안 쓰고 싶은 마음도 있어요. 좀 다른 이야기인데, 제가 좋아하는 동료 사진가가 있는데요. 시카고에서 활동하는 72세 사진가인데, 사진을 인화해서 그 뒤에 꼭 타자기로 편지를 써서 보내거든요. 근데 타자기에는 백스페이스가 없잖아요. 그래서 잘못 쓴 문장이 있으면 그 위에 X자를 덧대고 그 뒤에 다시 문장을 이어요. 저는 그런 걸 보는 게 좋더라고요. 그래서 더 초안을 쓰지 않는 것 같아요.

사월 저는 초안을 쓰는 사람이지만 초안 없이 쓴 편지도 좋아해요. 잘못 써서 볼펜으로 직직 긋고, 화이트로 지우고…. 그런 편지 받으면 왠지 좋아요. 밑줄 긋고 '이거 아님' 써놓는 그런 편지. 저는 틀린 흔적을 보는 걸 즐겨요. 편지에 화이트로 지운 흔적이 있으면 살살 벗겨 보고, 인쇄물이 잘못 인쇄돼서 스티커가 여러 겹 붙어 수정돼 있으면 꼭 떼서 뭐가 틀렸는지 확인하고(웃음). 실수 속에 진실이 있다고 생각하나 봐요.

책에 실린 편지들은 모두 타이핑으로 완성된 원고잖아요. 만일 손편지로 이야기를 주고받았다면 어땠을 것 같아요?

사월 작업이 불가능했을 거예요. 저한테는 인터넷 게시판에 네티즌으로서 글 쓰는 자아가 있거든요. 편지 초안을 타이핑해서 작성하는 것도 그 자아를 이용해 글을 쓴다는 느낌이고요. 그래서 키보드를 이용하지 않고 글 쓰는 건 상상하기가 어려워요.

훤 너무 엉망이라 읽을 수 없었을 거예요. 손으로 쓸 때와 타이핑할 때는 같은 내용을 쓰더라도 뭔가 조금은 다르게 쓰게 돼요. 그건 꼭 편지가 아니더라도 그런 것 같아요. 타이핑할 땐 생각이 술술 흘러나오는 한편, 손으로 쓸 땐 생각이 더뎌서 분명한 차이가 생기죠. 타이핑이 익숙하고 편하니까 저는 오히려 정신을 새롭게 하려고 노트에 쓸 때도 있어요. 글이 막히면 손글씨로 옮겨가는 거죠.

그 말인즉슨 어떤 조건이냐, 어떤 환경이냐에 따라 글쓰기도 달라진다는 것 같은데요. 두 분도 여러 장소에서 편지를 쓰셨을 텐데 달라지는 점이 있었나요?

훤 어디서 쓰느냐에 영향을 많이 받았어요. 둘 다 타국에서 편지를 보낼 일이 있었는데요. 전혀 다른 환경에서 쓴 편지들은 자기 자신도 새로운 데서 어떻게 존재해야 할지 결정을 다 하지 못한 채로 쓴 것 같은 느낌이 있어요. 그러니까 일상적으로 보는 것이 아니라 새로 받아들여야 하는 것들 사이에 있어야 해서 그걸 받아들이는 데 급급한 채로, 평소의 나와 달라진 채로 썼다는 게 티가 나요. 그런 의미에서 사월이가 뮤직비디오 촬영하러 일본에 가서 쓴 편지들이 좋았어요. 타지에서 일하는 사람의 현장감이 느껴졌거든요. 짧은 시간 안에 아웃풋을 내야 하는 창작자로서의 고민과 스태프들을 챙겨야 하는 사람으로서의 고민이 생생하게 느껴진 점이 유독 좋았죠.

사월 장소든 도구든 영향을 많이 받게 돼요. 훤이가 제게 직접 조립한 키보드를 선물해 줬는데 그걸로 쓴 편지가 책에 한 편 실려 있거든요. 내용에는 큰 차이가 없을지 몰라도 쓰고 있는 저로서는 확실히 다른 편지랑은 쓰는 느낌이나 태도가 달랐어요. 키보드에 한글 표시가 안 돼 있어서 듬성듬성 손가락을 놀리게 된 것도 영향을 미쳤고요. 편지 쓰는 환경이나 조건이 바뀐다는 건 저를 담는 그릇이 바뀌는 느낌이에요.

사월 씨가 편지에 이런 이야기를 쓰셨죠. "네가 나를 기록해 주어서 나의 어떤 부분이 죽지 않게 된다. 글로 사람을 살린다는 게 별거일까. 남겨 주어서 고맙고 살려 줘서 고마워." 누군가 글로 나를 기록해 준다는 건 아무나 할 수 없는 경험이란 생각도 들어요.

사월 정확히는 공연장에서 제가 한 말이나 행동을 훤이가 편지에, 그러니까 이 책에 기록해 주어서 고맙다는 의미였어요. 저는 무대 위에서 저를 보여주는 상황이 많은데, 무대 위의 제 말이나 행동은 휘발된다는 걸 스스로 잘 알거든요. 근데 훤이가 제가 공연할 때 했던 멘트를 편지로 남겨준 거죠. 참 고마운 일이에요. 언젠간 사라질 거라는 걸 알기에 아낌없이 보여주려는 무대에서의 저를 누군가가 기록해 주었다는 거.

훤 노래든 책이든 한 번 정제된 결과물을 만나는 거기 때문에 현장의 모든 것을 기억할 수는 없잖아요. 오늘 대화도 하나부터 열까지 모든 게 기록되는 게 아니라 어떤 부분은 중요할지라도 편집될 텐데요. 그걸 모두 기록하고 싶다, 남겨두고 싶다, 하는 마음이 있어요. 그래서 사월의 말도 편지에 남긴 거고요.

사월 넌 참 많은 것을, 거의 모든 것을 기억하고 싶고 놓치고 싶어 하지 않는 사람이야.

훤 그렇기 때문에 자꾸 고장이 나지. 셧다운 되고. 렉 걸리고.

사월 알 것 같은데도 묻는 거지만, 뭐가 그렇게 소중해? 왜 그렇게 소중해?

훤 오히려 기억하지 못할 거라는 걸 너무 잘 알아서. 소중한 지금 이 순간을 길어야 며칠 동안만 기억하고 지니고 있을 거란 걸 알아서 그런 것 같아.

사월 아… 역시 삶은 순간밖에 없는 것 같아요. 약간의 지속과 조금의 기록이 있을 뿐이니까요.

　기록으로 남겼다고 해서 늘 후련한 것만은 아니죠.
이 책에도 '출간 블루'에 관한 이야기가 적혀 있는데요.
사월 씨는 그렇게나 소중했던 음악이 앨범으로
발매되고 나면 안 듣게 된다고 했고, 책을 출간하는 것도
마찬가지라고 했어요. 《고상하고 천박하게》는 어땠어요?
사월 이 책의 경우엔, 출간 블루가 없었어요. 지금도 마냥
행복하고 즐겁던 작업으로 기억하고 있어요. 행복하고
즐거운 얘기만 한 건 아닌데 휜이와 이런 걸 할 수 있어서
좋기만 한 경험이었어요.
휜 저도요. 이 책이 결함이 없어서 그렇다기보단 저한테
있는 것 중 가장 좋은 걸 사월이에게 주려고 했고, 사월이
그걸 잘 받아서 반응하려고 했고…. 그런 마음을 차곡차곡
쌓아서 만든 책이다 보니 공동의 창작물인 동시에 너무
나의 창작물이기도 해서 더 소중하게 느껴져요. 둘이
함께 쌓아서 만들었기에 다른 책보다 아끼기 쉬운 책이
되었고요. 둘이 쓰는 책이 언제나 더 좋은 책이라고
생각하진 않는데요. 그럼에도 이 책은 둘이 썼기 때문에
아쉬운 점이 없어요.
사월 누군가 제 창작물을 가지고 와서 사인해 달라고 하면
왠지 쑥스러운데, 이 책은 "이거 좋죠. 이 책 재밌죠!"
하고 나서서 이야기하게 되더라고요. 함께한 상대가 있기
때문에 자랑스럽고 훨씬 더 좋다고 느껴지는 책이에요.
휜 그 '좋음'이 더 잘 믿어진다고 해야 할까요. 둘이 썼기
때문인지 좋다는 말을 멋쩍어하지 않고 단번에 믿게 돼요.
사월 부정적인 의견에도 방어하기가 쉬워요. 별로라고

생각하는 사람이 있는 건 당연한데, 제 작품에 대한
악평이라면 '난 너무 부족해.' 하고 자책하게 되거든요.
근데 우리 책에 부정적인 피드백을 받을 때는 대수롭지
않게 넘기게 돼요.
휜 한 번은 우리 대화가 너무 사적이었다는 리뷰를 본 적이
있는데, 납득은 되거든요. 근데 우리한테는 여기까지
이야기하는 게 진짜 대화였다는 믿음이 있어요. 그래서….
사월 떳떳하지(웃음). 우리가 만든 거에 대해 서로 믿음이
확실해서 건강한 마음으로 책을 낼 수 있었어요.

　편지에는 마감이 없지만 원고에는 마감이 있잖아요.
휜이 편지에 이런 이야기를 쓰기도 했죠. "마감 앞에 서면
무언가를 쓴다. 어떨 땐 거의 기계적으로 완성한 원고지만
끝냈다는 사실에 만족하며 송고하곤 하는데, 이게 반쯤
죽은 상태와 무엇이 다른지 생각한다. 짓는 행위가 매일
새로울 순 없다." 원고이기 때문에 부담스럽거나 마감이
벅찼던 적은 없어요?
사월 편지를 1년 조금 넘게 주고받았는데요. 책은
한 권이지만 글쓴이는 두 사람이니까 분량적으로 부담이
덜했어요. 실제로 편지를 몇 번 주고받고 보니 분량이 다
차서 둘 다 "벌써 끝났어?" 했죠. 심정적으로는 한 1년은
더 쓸 수 있을 것 같았어요.
휜 근데 저는 솔직히 부담스러울 때 있었어요. 사월이가
편지를 너무 잘 써서 '이거 큰일 났다.' 싶은 적이 종종
있었거든요. 경쟁하듯이 쓰려던 건 당연히 아닌데요.

사월이 기둥을 잘 세웠으니 그 기둥에서 더 멀리 가거나 더 높아지는 편지를 쓰고 싶은데, 기둥을 너무 잘 세워둬서 작가로서 고민이 되더라고요. 그래서 어떤 편지는 다섯 번, 열 번씩 읽고 답장을 쓰기도 했어요. 그때 생각했어요. 협업이라는 건 잘하는 사람과 할 때 더 잘하게 되는 부분이 분명히 있구나, 하고요.

사월 저는 오히려 훤이 이 글에 대한 골자를 너무 잘 만들어내고 있어서 제가 거기에 쉽게 균열을 내는 존재가 될 수 있었다고 생각해요. 솔직히 제 역할이 훨씬 쉬워요. 저 같은 털털이가 와서 정교하게 만들어진 걸 막 흩뜨리는 건 간단하거든요. 그러니까 저는 훤이 만드는 어떤 것들을 믿었기 때문에 마음껏 해본 거예요. 자유롭게 해도 훤이 다 수습해 줄 거라는 걸 알았으니까요. 결론적으로 저도 잘하는 사람과 협업하니까 편하게 리드를 당하며 할 수 있던 거죠.

이 책, 굉장히 잘됐잖아요. 일주일이 채 안 되었을 때 중쇄를 찍었고요. 《고상하고 천박하게》가 왜 사랑받았다고 생각하세요?

훤 요즘 사람들에겐 취약한 면이 있어서 저희 캐릭터가 잘 가 닿았다는 생각이 들어요.

사월 맞아요. 저희는 취약한 사람들이란 공통점이 있죠. 너 그 동네 취약짱이잖아, 나도 이 동네 취약짱이거든(웃음). 질문을 듣고 이 책이 왜 사랑받았을까 처음으로 진지하게 생각해 보게 됐는데요. 일단 조합이 좋았어요. 시각 예술과 청각 예술이 만나는 게 재미있고, 캐릭터가 다른 점도 좋게 작용했다고 생각해요. 취약함에 관해 조금 더 이야기하자면, 독자들은 어쩌면 이 글들 안에서 자신을 발견한 게 아닐까 싶기도 해요. 우리의 사진도, 시도, 산문도, 음악도 그런 지점이 있을 텐데요. 독자들이 우리 편지를 통해서 자신을 보는 경험을 했기에 사랑받을 수 있던 것 같아요. 그게 무척 보람찬 일이기도 했고요.

훤 우리는 다른 캐릭터인데 똑같이 취약하고, 서로를 바라보고 싶은 의지가 많은 사람들이에요. 그런 둘이 모여서 편지를 쓰는 데서 뭔가 생겨난 것 같아요. 자칫 잘못하면 편지 특성상 자기가 하는 이야기에만 골몰하거나 상대방이 건네준 이야기에만 반응하게 될 텐데요. 저는 그 중간의 어떤 것을 우리가 했으면 싶었어요. 대화하듯 책을 만들고 싶다고도 생각했고요. 좋은 대화라는 게 그렇잖아요. 모든 구간에서 자기 이야기만 덧대면 좋은 대화가 되기 어려우니까 어떤 지점에선 참고, 덜어내고, 반응이 필요한 부분에선 충분히 잘 반응해야 할 텐데요. 그래서 정확하게 답하고 싶어서 사월의 편지를 여러 번 읽기도 한 거예요. 근데 책이 나오고 보니 사람들이 그런 종류의 우정을 원하는 것 같다는 생각이 들어요.

취약한 모습을 가감 없이 보여주고, 내 얘기를 하면서도 네 이야기에 반응하는 우정. 뭐든 거부감 없이 꺼내놓고 들어주는 우정. 우리조차도 그런 종류의 우정을 원해서 이런 편지를 쓴 것 같고요.

취약함이라는 데서 공감대가 형성됐다는 의미 같기도 한데, 그 취약함이라는 게 도대체 뭘까요?

훤 잘 모르겠어요. 작가로서 경계해야 하는 것 중 하나가 자기 연민에 빠지는 건데, 그런 의미에서 어느 순간에는 누군가 우는소리 하는 게 보기 싫을 때가 있잖아요. 반대로 어떤 때는 이 사람이 취약해서 좋다고 느낄 때도 있고요. 사월과 편지를 쓰면서 우리가 비슷하고 또 다르게 연약해지는 모습을 같이 살핀 것 같아요. 때때로 거울처럼 서로를 들여다보면서요.

사월 인간에겐 무조건 약한 부분이 있고, 그걸 보호하고 감추며 살지만 그 약한 부분이 없으면 전체적으로 위험해진다고 생각해요. 그런 의미에서 저는 취약함이란 없어질 수 없는 것, 없어지면 안 되는 것이라고 생각해요.

읽는 사람도 느낄 수 있었어요. 마감에 쫓기듯 쓴 글이 아니라 편지를 기다리고 반기면서 쓴 글이라는 거.

사월 중간에 편집자 개입 없이 저희끼리 주고받은 편지라 더 그랬을 거예요. 편지가 도착하면요, 정말 행복했어요. 도파민이 엄청나요. 휴대전화로 확인하고, 태블릿으로 보고, 노트북으로 또 보고…. 책이 나오고 다시 읽었더니 그걸 받았을 때의 제 마음이나 답장 쓸 때의 제 모습, 장면들이 막 떠오르더라고요. 편지 쓰기에 골몰했기 때문에 글 속에 우리의 도파민이 다 담겨 있을지도 몰라요. 제일 재미있던 건 마지막 편지였죠. '이제 그만 맺자.'라고 서로 합의한 것도 아닌데 동시에 마지막 편지를 보냈어요. 그래서 마지막 편지는 답장 형태가 아니고 지금까지 편지를 쓴 서로와 나 자신에게 보내는 마지막 글이 되었던 거예요.

다시 한번 '둘이서' 시리즈의 배턴이 돌아오면 어떨 것 같아요?

사월 저는 에너지나 용량이 큰 사람은 아니어서 다시 훤과 편지를 주고받는다면 5년이나 10년 뒤면 좋겠어요. 편지가 아니더라도 우리는 계속 누군가와 주고받는 형태의 협업을 할 테고 계속 그 의미는 달라지겠죠. 장르마다, 사람마다.

훤 사실 감사하게도 열린책들에서 두 번째 서간집을 제안해 주셨는데요. 우리의 대화가 기록으로 엮이는 데는 에너지가 많이 필요한 일이기에 사월이 말처럼 시간이 조금 흐른 뒤면 좋겠어요.

사월 40대가 되어 지금과는 또 새로운 삶을 살게 된 우리가 쓰면 어떨까? 또 다른 의미로 너무 멋있을 것 같은데.
휜 그게 우리한테도 즐거울 것 같고. 근데 그때쯤이면
종이책 다 없어져서 전자책으로만 읽을 수 있게 되는 거
아냐?

아, 절대로 그런 일은 일어나지 않을 거예요(웃음).
사월 씨가 책에 "정희진 선생님은 소통이란 불가능하고
소통하려는 시도만이 가능하다고, 완전한 소통은 아마
자기 자신과의 대화밖에 없을 거라고 하셨지. 어쩌면
우리의 편지는 자신과의 소통을 도와주는 거라고 감히
생각해 본다."라는 문장을 쓰셨잖아요. 나와 소통한
지점에 관해서도 들려줄래요?
사월 어려운 질문인데, 전 사실 나와의 소통도 안 된다고
생각해요. 나와의 소통 역시 하려는 시도만 있는 것
같거든요. 저도 저를 잘 몰라요. 저도 계속 변하는
존재여서 저 자신에게 제대로 된 케어나 필요한 말을
못 해주는 것 같아요. 그렇게 생각하면 타인도 저 이상으로
복잡한 존재일 텐데 제가 상대에게 뭔가를 와닿게
하겠다는 게 말이 안 되는 일처럼 느껴져요. 우리가 하는
소통은 '내가 이걸 주고 싶으니까' 하고 던지는 말인 것
같고, 그렇게 각자가 던진 이야기로 어찌어찌 소통하려는
시도를 계속하며 살아가는 것 같아요. 그러다가 우연히
아름다운 소통이 탄생하기도 하고요.
휜 좀 다른 이야기지만, 사월이는 자신에겐 엄청
엄격한데 타인에겐 너그러워요. 타인을 세심히 보듬는
친구고 동료거든요. 근데 자신에게만 모진 거죠. 그게 좀
닮았어요. 그래서 사월이와 대화하는 게 저하고 대화하는
것 같기도 해요. 자신에게 엄격한 잣대가 발현되는 순간을
저희는 일종의 '정병' 모먼트라고 부르는데요. 사람은
누구나 어딘가 조금씩 부족하고 아픈 부분이 있잖아요.
그런데 그걸 너그럽게 받아주는 친구가 있고, 섬세하게
들어주는 사람이 있다는 게 든든해요. 생각이 너무
복잡해질 땐 집 앞을 뛰는데, 뛰는데도 해결이 안 될 때가
있어요. 그럴 때 사월이한테 전화를 걸어서 "뭐 하나."
그래요. 그럼 사월이는 "왜 그래?" 하죠(웃음).
사월 저는 그런 전화를 받으면 집 앞에 나와서 걷기
시작해요. 한 번 통화하면 굉장히 길게 이야기하기 때문에
걷기에 딱 좋거든요. 한 번 대화하기 시작하면 한두 시간은
금세 흘러가 있는데 끊을 땐 "그럼 못다 한 얘기는 만나서
하자." 꼭 그래요(웃음).
휜 정말이지 그렇게 얘기하고도 할 얘기가 정말 많이 남아
있어요. 요즘은 그런 종류의 우정이 잘 없잖아요.
말 한마디도 너무 조심하게 되고, 전화 걸고 싶어도 '바쁠
텐데. 너무 늦은 거 아닌가?' 하고 생각하게 되고요. 서로를
침범하는 게 자유로워서, 조금 덜 조심하게 되어서 좋아요.

사월이와의 우정은 제 우정 역사에 새로운 국면을 만든
신호탄이었어요.
사월 어쨌든 이휜이 약간 독특한 인물이어서 이 우정이
가능한 것 같단 생각이 들어요. 여성과 우정을 나누면
서로를 너무 알겠어서 조심스러워지고, 사랑하고,
그래서 미워하게 되는 지점까지 가게 되거든요. 더 깊은
것을 원하다가 다치는 경험을 하기도 하고, 애인처럼
헤어지기도 붙기도 하죠. 그게 제가 해왔던 우정이에요.
여전히 남성 동료와는 그런 종류의 우정은 할 수 없을
거라고 생각해요. 제가 가진 이 허들의 가장 가까운 곳까지
다가온 휜은 방어기제 없이 물러터질 수 있는 여리고 강한
사람이었어요. 이런 남성과 우정을 나눌 수 있다는 건 정말
희귀한 일이에요.

나눌 얘기가 아직 한참 남았는데 시간이 가는 게 너무
야속하네요. 못다 한 이야기는 손편지로 남겨보면 어때요?
어쩐지 좀 다른 의미에서 좋은 편지가 될 것 같은데.
휜 마침 만년필도 챙겨 왔는데!
사월 난 여기 앉아서 쓸게. 넌 저쪽에서 써.
휜 좋아.

희귀하고 드문 우정을 담아

훤

너에게 썼던 대부분의 편지를
세상에 보여주겠다는 것이
나도 그걸 염두한 것이
미안하고도 웃기다
무대 위에서 만나는 우정이 뭐어때
어디에서든 나 자신이고 싶었지
우리가 그런 녀석들이니
무서운 무대 위에서, 기록 앞에서
천진하게 웃고 있구나
나는 제일 무서워하는 곳에서 널 만나서
정말 좋았는데
넌 어땠을까
몇 시간을 떠들어도 못다 한 말이 많은
우리의 우정이 자랑스럽다

25년 11월 사월

사월이 훤에게

훤이 사월에게

손 가까이에, 머리맡에, 무릎 위에, 주방 한쪽에, 동료의 가방 안에. 키티버니포니의
배경은 언제나 일상이다. 일상 곁에 키티버니포니를 두었던 사람이라면 모두 알고
있지 않을까. 과감하지만 섬세하고, 뚜렷하지만 부담스럽지 않도록 세밀하게
균형을 맞춘 이 작은 패턴들이 매일의 자리에서 얼마나 즐거운 힘이 되는지.

작은 무늬가
일상의 큰 보폭이 되어

김진진—키티버니포니

에디터 황진아　포토그래퍼 강현욱

디자인 패브릭 브랜드 키티버니포니kitty bunny ponny는
김진진 대표의 아버지가 1994년 대구에서 설립한 자수
공장 '장미산업사'에서부터 시작된다. IMF 이후 국내
제조업과 섬유 산업이 급격히 위축되면서 많은 공장이
문을 닫고 중국으로 이전하던 시기, 아버지는 "네가
디자인을 하고 나는 자수를 할 수 있으니, 함께 뭐라도
해보자."며 딸에게 브랜드를 만들자고 제안했다.
당시 김진진 대표는 학부에서 그래픽 디자인을 전공하고
대학원에서 색채를 공부하던 중이었다. 온라인 판매가
아직 낯설던 때라 처음엔 선뜻 내키지 않았지만, 아버지의
꾸준한 설득 끝에 뜻을 모아 브랜드를 시작하기로 했다.
국내 직물 브랜드가 50여 개도 채 되지 않던 시기에
'직물 브랜드에 초점을 맞추자.'고 제안한 분 역시
아버지였다. 오랜 시간, 여러 번의 샘플 작업 끝에 동물
모양 쿠션 3종과 동물 문양 자수를 놓은 쿠션 4종,
기하학적인 패턴 쿠션 4종 등 열한 가지 제품을 제작해
2008년에 브랜드의 첫발을 내디뎠다.
의류나 전자제품 외에는 온라인으로 리빙 제품을
구매하는 문화는 자리 잡지 않았던 시절이었다. 그러나

그래픽 디자이너가 직접 원단을 만들고 이를 바탕으로
제품을 생산하는 국내 리빙 브랜드가 손에 꼽혔기에,
키티버니포니는 오픈 초기부터 큰 주목을 받았다. '생동감
있는 컬러', '과감하고 대담한 패턴', '실용적인 물건'이라는
디자인 원칙 아래 쿠션과 커튼, 침구는 물론 키친
패브릭과 문구류까지 영역을 넓혀갔다. 특히 브랜드의
상징적인 패턴과 컬러를 담은 파우치는 '국민 파우치'라
불리며 여전히 많은 이들의 사랑을 받는 제품 중 하나다.
키티버니포니는 2013년 서울 상수동에 쇼룸을 연 뒤,
2015년 합정동에 플래그십 스토어 '메종 키티버니포니
서울'을 오픈했다. 오래된 주택을 리노베이션해 집처럼
편안한 분위기로 꾸며 방문객들이 베딩, 커튼, 쿠션 등
다양한 제품이 실제 생활 공간과 어우러지는 모습을 직접
경험할 수 있게 했다. "매일의 물건, 소품 하나하나에
담긴 패턴이 주는 에너지가 당신의 일상을 새롭게 바꿀
수 있다."고 말하는 김진진 대표. 온라인에서 시작해
오프라인까지, 사람들의 생활 속에서 브랜드 경험을
완성해 온 키티버니포니가 최근 선보인 이태원점에서
그를 만나 이야기 나눴다.

키티버니포니 합정점을 오픈한 뒤로 10년 만에 새로운 공간을 열었어요. 이태원점을 오픈한 계기가 있을까요?
사실 합정점 오픈 이후 추가로 매장을 열 계획이 없었는데, 직원 수가 늘어나면서 기존 합정 공간만으로는 모든 직원이 함께 일하기 어려운 상황이 생겼어요. 그래서 이태원점은 사무실이 중심이되 매장을 겸하는 구조로 기획했어요. 합정점보다는 규모가 작은 편이라, 고객이 쉽게 접근해서 가볍게 제품을 구매할 수 있는 실용적인 스토어로요. 1, 2층은 촘촘하게 상품을 배치해 작지만 효율적인 매장 느낌을 살렸고 3, 4층은 사무 공간으로 활용하도록 설계했죠.

직원 수가 늘어난 만큼 업무도 더 세분화됐겠어요.
맞아요. 대구에 있는 제작팀에서는 제작 관리와 물류 입고를 담당하고, 서울 오피스에는 디자인, 해외 업무, CS 관리, 촬영 및 홍보, SNS 팀이 자리하며 매장 팀까지 포함해 각자가 전문 영역을 맡고 있어요. 전체 프로세스는 초창기와 본질적으로 같지만 역할을 여러 명이 나눠 수행하는 방식으로 확장된 거죠. 디자인 역시 예전에는 저 혼자 기획부터 생산까지 모든 과정을 진행했지만, 지금은 디자이너들과 의견을 나누고 최종 컨펌을 제가 담당하는 공동 작업 형태로 이루어져요. 저희 회사 직원들 근속 연수가 긴 편이거든요. 10년 넘은 직원도 여럿이고요. 그러다 보니 말하지 않아도 브랜드가 지키고 싶은 가치나 비전을 마음속으로 공유하고 있는 것 같아요. 그 생각을 기반으로 자연스럽게 의견이 모이고 더해져서 최종 결과물이 완성되죠.

모두가 합의하고 있는 키티버니포니만의 정체성은 무엇인지 궁금해요.
누구든 어떤 제품을 보고 확 끌릴 때 나오는 감탄사가 두 개 있다고 생각해요. '귀엽다' 아니면 '멋있다'. 그런데 키티버니포니는 멋있는 브랜드는 아니거든요. 그래서 '귀엽다'는 의견이 저희한테는 정말 중요해요. 내부에서 제품을 만들 때 '귀엽다'는 말이 나오면, 어느 정도 방향이 맞다고 판단하죠. 하지만 그 귀여움이 너무 지나치면 안 돼요. 말로 설명하려니 조금 어렵긴 한데요(웃음). 동물 모양 패턴이면 너무 유치하거나 귀여워지면 안 되고, 적당히 율동감이 있고 세련되어야 해요. 기하학 패턴이면 너무 과감해서 집에 놓기 부담스러우면 안 되고요. 제품이 실제로 만들어졌을 때 한국 사람들이 쓰기에 적합한지, 집에 자연스럽게 어울리는지 계속 상상하면서 패턴을 맞춰가는 거죠. 결국 실생활에서 편하게 스며드는, 그런 브랜드로 유지하고 싶은 마음이에요.

생활 공간에 자연스럽게 녹아들도록 디자인한다고 하셨는데, 한국 주거 공간의 특징이나 사용 환경을 고려할 때 중요하게 보는 포인트가 있을까요?
한국은 유일하게 벽지를 많이 쓰는 나라예요. 요즘은 페인트 시공도 많지만, 10년 전만 해도 거의 없었죠. 일본은 벽지를 잘 안 쓰고, 유럽도 대부분 페인트를 사용해요. 온돌바닥과 벽지가 어우러진 한국 집은 전체적으로 따뜻한 느낌을 주고, 신발을 벗고 들어가 가장 편안하게 있는 공간이기도 해요. 그래서 패브릭이 이런 환경 속에서 어떻게 자연스럽게 녹아들 수 있을지 늘 고민하는 편이에요. 또 한국인들은 브라운이나 블랙 소파를 많이 사용하는데, 소파 위에 올릴 쿠션 색상도 단순히 예쁜 색이 아니라 소파와 잘 어울리는 톤을 찾는 식으로 결정해요. 소재를 고를 때도 문화적 특성을 많이 고려하는데요. 한국 사람들은 세탁을 매우 신경 쓰거든요. 어디서든 "이거 세탁은 어떻게 해요?"라는 질문을 꼭 해요. 패브릭 제품을 오래 사용하고, 자주 세탁해야 하니 실용성 또한 필수예요. 그래서 한국 집에서 쓰일 제품은 너무 튀지 않으면서도 적정한 가격과 실용성을 갖추고, 세탁을 자주 해도 오래 유지될 수 있도록 내구성이 있어야 해요.

사람들이 특별히 많이 찾는 색이나 패턴도 있나요?
색상은 초록, 네이비, 검정 톤을 특히 좋아하세요. 반면 하늘색이나 핑크는 선호도가 낮은 편이고, 보라색은 거의 찾지 않아서 제작하지 않고요. 토끼 패턴은 언제나 인기가 많아요. 2023년 토끼해와 뉴진스 데뷔가 겹치며 특히 주목받았거든요. 사실 그때만 반짝할 줄 알았는데 아니더라고요. 펭귄이나 고양이, 말처럼 호불호가 갈리는 동물과 달리 토끼는 누구에게나 친숙하고 긍정적인 이미지로 받아들여지는 것 같아요.

키티버니포니는 아이템보다 패턴을 우선으로 개발한다고요. 패턴에 따라 어울리는 제품도 모두 다르겠죠?
네, 맞아요. 저희는 기본적으로 패턴이 우선이에요. 제품에 맞춰 패턴을 만드는 게 아니라, 먼저 패턴을 만들고 그 원단으로 제품을 제작해요. 원단은 커다란 롤 형태로 패턴이 입혀진 거잖아요. 그래서 하나의 유닛, 즉 패턴 크기마다 어울리는 제품이 따로 있어요. 커다란 유닛은 공간을 채워주는 커튼에 더 잘 어울리고, 작은 유닛은 파우치 종류에 어울리죠. 사람들은 '파우치용 원단'과 '커튼용 원단'이 따로 있다고 생각하지만, 사실은 하나의 원단으로 다양한 제품을 만드는 거예요. 그래서 유닛이 큰 패턴 원단으로 커튼을 만들면 패턴의 흐름이 온전히 다 보이지만, 파우치를 만들면 그중 일부만 잘려 들어가요.

자르는 위치에 따라 모두 다른 제품이 나오는 거죠.
초반에는 고객분들께서 그걸 이해하지 못해 "사진과 다른
제품이 왔다."며 교환을 요청하시는 분들도 있었어요.
지금은 많이 달라졌어요. 각 제품이 가진 패턴의 차이를
오히려 운처럼 즐겨주시거든요.

**키티버니포니는 패브릭 제품 외에도 패턴을 활용한
다양한 제품군을 선보이고 있는데요. 수모처럼 예상치
못한 의외의 아이템도 있어요. 새로운 아이디어는 보통
어떻게 주고받는 편이에요?**
당시 저희 팀 직원들 네다섯 명이 매일 새벽 수영을 다닌
적이 있었는데요. 한 직원이 "저희 수영모를 만들어야
해요."라고 이야기를 꺼내더라고요. 시중에 예쁜 수모가
많이 없고, 매일매일 다른 수영모를 쓰고 싶다는 거예요.
일상에서 느낀 필요에서 시작된 아이디어였죠. 그래서
수영하는 토끼 캐릭터를 입혀 제작하면서 시리즈로
출시하게 되었어요. 처음에는 단순히 재미로 한번
만들어보자는 생각이었지만, 예상보다 인기가 많아
매년 기다려지는 여름 아이템이 되었고요. 브랜드가
오래되면서 초창기부터 함께한 직원들도 같이 나이가
들어가거든요(웃음). 이전처럼 아이디어만으로 치열하게
만들기보다는 일상에서 보고 느낀 것들을 자연스럽게
공유하면서 아이템으로 이어지는 경우가 많아요.

**실용적인 제품이 많아서 선물용으로 찾는 분들도 많을
것 같아요.**
네, 정말 많아요. 부담스럽지 않은 가격대의 제품들이
있어서 가볍게 주기도 좋고, 여러 개를 묶으면 충분히
풍성한 선물이 되기도 하거든요. 실용적인 제품이 낳아서
누구에게 줘도 잘 쓸 것 같다는 생각이 들어요. 선물로는
파우치가 가장 인기가 많고요. 30-40대 고객은 수건도
많이 찾으시고, 결혼한 가정에는 앞치마나 주방 장갑을
자주 선물하시는 것 같아요.

**사실 저부터 주변에 키티버니포니 제품을 자주
선물해요(웃음). 최근에 받은 선물 중에 기억에 남는 게
있다면요?**
얼마 전 친구 셋이 모였는데, 한 친구가 헤어스프레이를
다른 친구에게 선물했어요. 향이 너무 좋아서 "이거 너무
좋다!" 하면서 이야기했는데, 나중에 그걸 받았던 친구가
제 생일에 똑같은 스프레이를 선물로 주더라고요. 그 순간
제가 했던 말을 기억하고 건네준 거잖아요. 그런 세심한
마음이 고마울 때가 있어요.

그런 다정한 마음이 선물을 더 특별하게 만들죠.

**대표님은 어떤 유년 시절을 보내셨어요? 어릴 적 모습도
알고 싶어요.**
저는 어릴 때 되게 특이한 아이였어요. 어려서부터 색
맞추는 걸 특히 즐겼거든요. 유치원 다닐 때는 다음 날
입을 옷과 양말을 색깔별로 맞춰서 머리맡에 놓고 잤어요.
주황색 양말, 주황색 티셔츠, 주황색 바지…. 세련된 것도
좋아했고, 그때는 미제 제품도 좋아했어요(웃음).

미제요(웃음)? 어릴 때부터 취향이 분명했나 봐요.
디즈니나 산리오 캐릭터 같은 귀여운 것에도 관심이 정말
많았고요. 한정된 용돈 안에서 맨날 문구점에 가서 예쁜
물건들 사고 그랬어요. 친할머니께서 그림을 정말 잘
그리셨는데, 당시에는 일제강점기 때라 여자들이 미술을
직업으로 삼는 건 상상도 못 하던 시기였어요. 아버지도
그림을 잘 그리셨지만, 할아버지께서 "간판쟁이가
되면 굶어 죽는다."며 반대하셔서 꿈을 접으실 수밖에
없었죠. 그래서 아버지는 하고 싶은 걸 못 하셨지만, 제가
그림을 좋아하니까 그 자체만으로 좋아해 주시고 응원해
주셨어요. 매일 미술 학원에 데려다주시고, 입시 공부를 할
땐 제가 그린 그림 평가도 정말 꼼꼼하게 해주셨죠.

아버지가 정말 든든한 조력자가 되어주셨군요.
맞아요. 저희 집은 아버지가 육아에 많이 관여하셨어요.
저는 대구에서 자라서 서울만큼 문화적 환경이 풍부하지는
않았지만, 아버지가 주말마다 미술관에 데려가 주셔서
전시 보는 걸 즐겼어요. 1980년대에는 캠핑 붐도 일어나서
주말마다 텐트를 들고 산과 계곡, 바닷가를 다니며 아빠와
많은 시간을 보냈죠. 저는 아빠와 사이가 좋고 많은 시간을
보낸 딸이었어요.

**키티버니포니의 탄생에도 아버지 이야기를 빼놓을 수
없잖아요. 브랜드를 이어오며 중요한 순간마다 결정적인
역할을 하셨다고요.**
맞아요. 브랜드를 처음 오픈하고 몇 년 뒤, 저는 대학원
졸업 후 이 일을 그만두고 취직하겠다고 선언했어요.
아버지가 브랜드를 함께 만들어보자고 하셔서 시작했지만
그때까지는 이 일을 재미로 하고 있었고, 제 길은 따로
있다고 생각했거든요. 하지만 아버지는 저를 계속
설득하셨고, 심지어 자수 공장 이름도 제 이름으로
바꿔주셨죠. 어느 인터뷰에서 아버지 이야기를 하도
많이 했더니 어떤 분이 "이 정도면 아버지가 만든 회사
아니냐."고 하시더라고요(웃음).

대표 자리는 나중에 아버지께 이어받으신 거죠?
네. 합정동 사옥을 오픈하기 전까지는 아버지가

대표였고, 저는 월급 받고 일하는 직원이었어요. 그런데 아버지께서 이제는 사옥을 짓고 경영도 맡아보라고 하시더라고요. 저는 경영을 공부해 본 적도 없고, 대표를 맡는 것도 부담스러워 주저했어요. 당시 제 나이는 30대 초중반이었고, 사업할 성격도 아니었거든요. 누구에게 싫은 말 하는 것도 어려웠고요. 그런데 아버지는 지금이 적기라고 하셨죠. 대표가 되고 나니, 이전에는 잘 보이지 않던 일들이 보이기 시작했고 한꺼번에 업무가 쏟아졌어요. 그런데 웃긴 건, 사람들이 부르는 직급 하나 차이로 책임감이 확 달라지더라고요. '자리가 사람을 만든다.'는 말이 정말 딱 맞았어요. 모든 상황에 대한 책임을 져야 하니 그 무게감이 정말 크더라고요.

지금은 어때요?

지금도 마찬가지예요. 챙겨야 할 직원도, 지켜야 할 것도 많아지다 보니 대표로서의 책임감은 예전보다 더 커졌죠. 10주년쯤에는 '이 브랜드를 어떻게 하면 더 오래 지속할 수 있을까.'를 많이 고민했는데요. 지금은 오히려 무언가를 억지로 해내기보다는, 시간의 흐름에 맞춰 중심 가치를 잃지 않고 지켜가는 데 집중하고 있어요. 10년 차까지는 어려운 일이 있을 때마다 아버지에게 조언을 구하면 항상 좋은 답을 주셨는데, 이태원점을 알아보는 시점인 한 3년 전쯤부터는 의견을 구하지 않고 제가 독립적으로 결정하기 시작했던 것 같아요. 생각해 보니 10년이 지나서야 자립을 시작했네요(웃음).

말씀처럼 거의 모든 공정에 관여하다가 브랜드가 커질수록 내 손을 떠나는 일들이 하나둘 생기잖아요. 그런 변화는 어떻게 느끼세요?

저는 그걸 오히려 기쁘게 생각해요. 최근에 생긴 꿈이 하나 있는데요. 언젠가는 키티버니포니의 '고문'이 되는 거예요(웃음). 조금씩 제 손을 떠나 스스로 서 나가는 모습을 보면 정말 뿌듯해요. 그게 제 목표이기도 하고요. 언젠가는 저 없이도 브랜드가 스스로 잘 굴러가는 날이 오겠죠. 물론 말은 이렇게 해도 여전히 세세한 부분은 신경 쓰고 있지만요. 그래도 큰 틀에서는 좋은 방향으로 잘 가고 있는 것 같아요.

마지막으로 키티버니포니의 슬로건 "Life in Patterns"에 담긴 의미를 들려주세요.

'삶 속에 녹아든 패턴', '패턴 속의 삶'이라는 뜻으로 사용하고 있어요. 패턴이 담긴 물건이 일상에 어떻게 잘 어우러지고 기쁨을 줄 수 있을지를 고민하면서 제품을 만들고 있거든요. 개인적으로 비전을 세우고 슬로건을 대외적으로 말하는 건 조금 낯간지러워하는 편이에요. 그럼에도 필요한 이유를 생각해 보면, 결국 그 슬로건을 따라 회사가 움직이게 되더라고요. 내가 되고 싶은 모습을 계속 떠올리면 그런 모습으로 변해가는 것처럼, 슬로건을 세워두면 회사의 방향이 그쪽으로 향하게 되는 것 같아요.

일상 곁에 두면 좋을
키티버니포니의 아이템

바스켓 시리즈 | 2만 9천 원

다섯 개의 포켓으로 둘러싸인 원기둥 모양의 패브릭 바스켓. 총 네 가지 색상이 있다. 거실, 주방, 사무실, 어린이 방 등 다양한 공간에서 사용하기 좋다. 심플하고 단정한 겉면과 패턴이 있는 안쪽 면 덕분에 물건을 꺼내고 넣을 때마다 작은 즐거움을 느낄 수 있다.

블랜드 밀러 블랙 선글라스 파우치 | 3만 2천 원

가벼운 무게의 선글라스 파우치. 부드러운 블랙 원단에 '밀러 블랙' 패턴을 안감으로 매치하고, 폴리솜을 충진재로 사용해 적절한 보호 기능을 갖췄다. 상단부는 자석으로 마감해 열고 닫기에 용이하다. 선글라스는 물론 안경 파우치로도 손색없으니 쓰임에 맞게 활용해 보자.

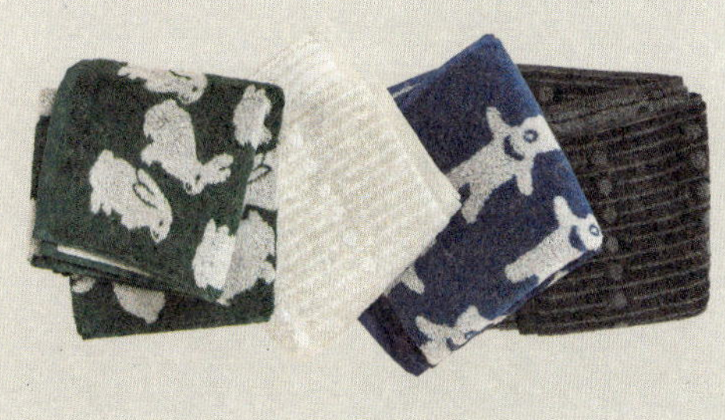

패브릭스 초점책 만들기 키트 | 3만 7천 원

신생아 초점책을 만들 수 있는 키트. 대비되는 색상의 원단으로 아기의 시각을 발달시키도록 돕는 책이다. 표지로 사용되는 '밀러 그린'을 포함한 원단 6장, 스트링 1개, 방울 솜, 도안이 포함되어 있어 키트를 그대로 선물하거나 임산부 가정에 직접 만들어 전해줘도 좋다.

타월 시리즈 | 1만 8천 원

'Towelogist'와의 협업 제품으로, 목화솜의 포근한 감촉이 그대로 느껴진다. 국내 최초로 특수원사를 사용해 일반 타월보다 부드럽고 흡수력과 건조력이 뛰어난 것이 장점. 피부가 예민한 아이부터 어른까지 안심하고 사용할 수 있고, 주방에서 키친타월로도 활용할 수 있다.

어느 아름다운 그릇 가게를 안다. 오프라인 매장 없이 일본, 프랑스에서 건너온
기물과 도시락, 문구를 소개하는 이곳의 이름은 '몰로이샵'. 그릇 사진 너머로
언뜻 비치는 주인장의 부엌과 취향을 가만히 들여다보며, 그녀가 궁금해졌다.
그렇게 닿은 곳은 영지의 블로그. 남편 수곤, 아홉 살 테오와 함께하는
생활에는 직접 만든 생일 케이크가, 서툴게 쓴 아이의 편지가 비친다. 생의
중요한 순간, 언제나 곁에서 다정한 마음을 건네는 가족이란 관계를 들어본다.

우리라는 이름의 시간

최영지—몰로이샵

에디터 차의진

사진 배수곤, 최영지

몰로이샵을 오랫동안 지켜봤어요. 아름다운 식기와의 인연은 어떻게 시작된 거예요?
처음 자취할 때 인터넷에서 산 곰돌이 식기를 썼어요. 그러다 점점 욕심이 생겨 여행지마다 마음에 드는 그릇을 골라 사게 되었죠. 건강한 재료가 잔뜩 들어 있는 좋은 음식을 만들어 그릇에 먹었고요. 그렇게 나에게 선물하듯 그릇을 모으다 보니, 좋은 식기가 일상을 건강하게 바꿔준다는 걸 느꼈어요. '몰로이샵'이라는 이름은 사뮈엘 베케트의 동명 소설에서 따왔죠. 길을 헤매던 주인공 몰로이가 따뜻한 식사를 할 수 있었다면 덜 우울했을 거란 생각에서요. 모두가 좋은 기물로 행복해지길 바라는 마음을 담았어요.

따스한 의미였네요. 영지 씨에게 몰로이샵은 판매 그 이상인 것 같아요.
조금 쑥스럽지만, 저는 판매란 고객이 무조건 좋아야 하는 일이라고 생각해요. 그분들은 단순히 돈을 지불하는 게 아니라 제게 더한 가치를 선사해 주시거든요. 그 감사함을 보답하려면 제가 더 수고해서, 그분들이 아름다운 물건을 찾는 시간을 조금이라도 아껴드려야 한다고 생각해요. 뜬금없지만 요즘은 인공지능 시대라고 하는데, 인공지능은 먹고 마시지 못하고 도자기 그릇이나 문구를 사용할 수도 없잖아요. 그런데 저는 좋은 물건들을 사람들한테 찾아줄 수 있어요. 저한테 몰로이샵의 기물은 바로 그 의미예요. 인간이 필요한 이유요.

> 이렇게 아름다운 그릇들이 내 곁에 있고
> 곧 손님들에게 떠날 것이다. 나는 나에게 그릇을
> 사주는 손님들에게도 너무 감사하다. 그들의
> 용기와 또 다른 면에서는 그들의 넘치는 안목에도
> 감사하다. 내가 사랑하고 영감 받은 모든 원천을
> 그들이 안고 가는 기분이다. 얼마나 멋진 일인가.
> 손님들의 품으로 떠난 아름다운 식기들이 그들의
> 자리에서 행복으로 가득하길 바란다. 그리고 내가
> 늘 말하지만 반드시 그럴 것이다.

— 최영지, 〈몰로이와 일상 일기들〉 중에서

오늘은 영지 씨가 가족과 마음을 주고받는 소소한 일상을 이야기해 보고 싶어요. 일과는 어떻게 보내세요?
저는 부산에 살고 있어요. 태어나서 지금까지 몇 년을 제외하고는 벗어난 적 없는 도시지요. 아이가 있는 사람들이 대부분 그렇겠지만, 하루는 늘 촘촘하게 짜여 있어요. 일과 육아를 병행하는 단조로운 삶이지만 저한테는 모든 시간이 값져요.

배우자 수곤, 아홉 살 테오와 함께하는 일상을 블로그에 나누기도 하죠. 수곤 씨가 직접 찍은 사진과 함께요.
원래 글쓰기를 좋아해요. 일기와 기록을 즐기죠. 인스타그램을 하고 있지만 그곳에선 아무래도 몰로이샵 기물 소개가 주를 이루는데요. 블로그는 개인적인 생각을 편히 남길 수 있는 공간이에요. 긴 글을 써도 부담스럽지 않고요. 나의 생각과 좋았던 순간을 사진과 함께 기록하는 건 아주 행복해요. 읽어주시는 분들의 반응노 소중하고요. 낯을 많이 가리는 제가 글로 타인과 공명하는 순간은 블로그에서 이뤄지고 있네요.

가족은 기쁜 일도 슬픈 일도 가장 먼저 나누는 관계잖아요. 영지 씨 가족은 어떤 날을 함께 기념하나요?
다른 기념일은 챙기지 않지만 생일만큼은 꼭 축하해요. 그날 가족끼리 케이크나 파이를 직접 구워요. 저는 사진도 남길 겸 케이크를 예쁘게 만들고 싶은데, 아이가 크림을 마음대로 바르고 싶다고 해서 다툰 적도 있어요(웃음). 결국 각자 반씩 만들며 타협했죠. 싸움을 방지하려고 이젠 아이와 케이크 구상도를 함께 그리며 시작해요. 축하받을 사람과 축하하는 사람이 함께 베이킹하는 과정을 이해하고 즐기는 건 무척 뜻깊은 일이에요.

결혼기념일 같은 날도 있을 텐데, 축하를 생략하는 이유가 있나요?

저는 기억력이 정말 좋지 않고 특히 날짜를 헷갈려요.
그런 제가 남편한테 기념일을 기억해 달라고 강요할
수는 없으니 "우리 서로 기념일 모르면 그날은 그냥
지나가자."고 약속했어요(웃음). 저는 연애 시절에도
기념일을 챙긴 적이 없는데, 이젠 남편이 서운할까 봐
미리 연막작전을 펼치기도 해요. 특별한 날보다는 매일의
일상을 더 소중히 여기고 있어요.

> 돌아보니 결혼 생활은 내내 재미있었고
> 늘 행복했는데, 이 애의 부재가 언제였나 싶을
> 정도로 아득하게 느껴진다. 그래서 나는 이제
> 내 인생에서 거의 절반을 이 애와 함께 살았다.
> 나는 가끔 이 애가 없다면 내 기쁨도 없다고
> 생각한다. 때로는 내 모든 것이고, 때로는
> 어두운 새벽을 덮는 따뜻하고 건강한 울림을 준다.
> 그래서 말인데 결혼기념일을 기념하지는 않는다고
> 말하면서 이걸 구실로 '나한테 책장 하나만
> 사주라'고 주문을 했고 책장을 가지게 되었다.
> 결혼 스토리 끝.

— 〈우리들의 꾸준함〉 중에서

**남편과 오랫동안 연애하고 결혼했다고 알고 있어요.
처음 받은 선물, 기억하세요?**
버나드 윌햄이라는 북유럽 디자이너의 신발이었어요.
당시에는 아주 생소한 브랜드였고 패션 종사자였던 남편이
트렌디한 감각을 뽐내려고 사준 운동화예요. 본인이 사고
싶던 건지, 저한테 정말로 선물하고 싶던 건지 알 수는
없네요(웃음). 그때 신발을 저한테 직접 신겨주고 끈도
묶어줬죠. 지금 생각하면 괴상한 신발이었지만 저도
참 좋아했어요.

**남편과 누구보다 서로 잘 아는 사이일 텐데, 오래된 관계
속에서 선물은 어떤 의미로 남아 있나요?**
우리 관계에서 선물이 특별한 의미는 없어요. 우리는
서로에 관해 너무 많은 것을 알고 있고, 또 많은 것을
소유해 보았어요. 이제는 서로가 갖고 싶어 하는 걸 주로
선물하는 편이죠.

**흔히 아이를 '선물'이라고 표현하곤 해요. 영지 씨에게
테오도 그런 존재인가요?**
그럼요. 저희 부부는 오랫동안 아이가 생기지 않았어요.
테오가 어렵게 얻은 아이라 더 소중하기보다는 아이는
그 자체로 감격스러운 존재예요. 늦잠을 심하게 자던 저는
아이가 태어나고 일상에 루틴이 생겼고, 부모님께 받은
사랑을 물려줄 수 있게 되었죠. 육아는 참 힘들기도 해요.
저의 미숙한 모습을 받아들이는 용서도 반성도 필요하죠.
그 과정에서 저도 함께 자라고 있어요. 사람마다 행복의
모양은 다양하기에 어떤 것이 진정한 행복이라고 특정할
수는 없지만, 저는 아이가 행복한 인생에서의 가장
큰 선물이라고 생각해요. 나를 샅샅이 살펴도 알 수 없었던
삶의 진정한 의미를 아이가 알려줘요.

아이가 피아노 연주를 한다. 가냘픈 손가락에
힘을 주어 건반을 연주하고 심지어 양손으로
피아노를 치고 있다. 어떤 사람에게 이건 놀랍지
않지만 나에게는 놀라운 발전이다. 나는 그때
너무 좋아서 남편의 손을 꼭 잡았다. 아이가
조금씩 사는 방법을 몸으로 체득하고 배우고 있다.
우리는 응원해주며 사랑해주며 매일매일을
살아간다. 기쁘게.

— 〈2024년 8월 여름방학〉 중에서

**두 사람한테 아이가 찾아오면서 축하의 풍경도 달라졌을
것 같아요.**
둘일 때는 생일에 선물을 받고, 가고 싶던 레스토랑에서
저녁을 먹었어요. 그 자체로 행복한 일이었죠. 셋이 된
뒤로는 아이가 아침부터 편지를 주고 파티까지 해주니
조금 더 시끌벅적해요.

**아이들은 서툴게 쓴 편지나 종이접기 작품 같은 것들을
선물이라며 건네주곤 하죠. 테오한테 받은 선물 중 가장
기억에 남는 것이 있나요?**
아이가 한글을 배운 뒤부터 편지 세례가 이어졌어요. 처음
쓴 편지는 특히 잊을 수가 없지요. 사랑한다는 비뚤비뚤한
글자가 아직도 선명해요. 그때부터 아이가 순간순간의
감정을 담아 편지지를 만들고 색종이를 이어 붙여주곤
하는데 모든 것이 소중해요. 전부 보관하고 있어요.

선명하게 떠오르는 축하의 장면도 이야기해 주세요.
아이가 유치원을 졸업하던 날 양가 부모님이 모두 오셔서
축하해 주셨어요. 조금 유난이라고 생각하실 수도
있는데(웃음), 저희는 무척 행복했어요. 가장 중요한 순간을
축하하는 일은 가족만이 할 수 있다고 생각해요. 가족은
언제나 내 편이니까요.

**영지 씨 손목에는 남편과 테오의 이름이 새겨져 있죠.
테오의 첫 생일을 기념하며 받은 타투라고요.**
손목 타투는 단지 멋져 보여서였고, 소중한 이름을 몸에
새긴다는 낭만이 좋았어요.

**여러 물건을 수집하길 좋아하는 것 같던데, 나를 위한
선물도 하세요?**
네. 최근 만년필에 빠지면서 나에게 주는 선물이라고
생각하고 있어요. 아직 때가 이르다고 생각해 비싼 걸 산
적은 없고, 입문용 만년필을 차근차근 사 모으고 있네요.
언젠가 성공한다면 백만 원짜리 만년필도 나에게 선물하고

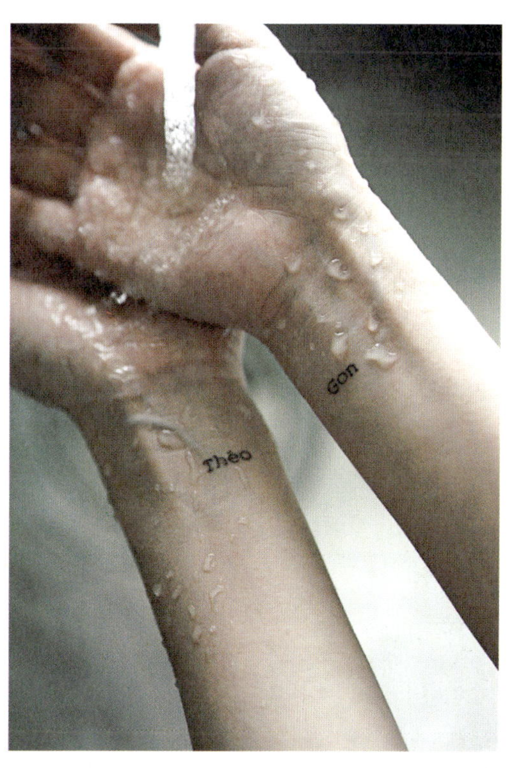

싶어요! 목표가 생겼달까요? 더 열심히 해야겠지요(웃음).

**저는 선물을 고를 때 실용성과 의미 사이에서 고민하곤
해요. 영지 씨는 둘 중 무얼 선택하세요?**
무조건 실용성이요. 그래서 선물 받을 사람한테 필요한
걸 말해달라고 해요. 그들이 답하지 못할 때는 의미를
생각하면서 선물을 고르기도 하지만, 어려운 일이에요.
제가 고심해서 고른 선물을 상대방이 기뻐하면 저도
기쁘죠. 몰로이샵의 기물들도 받는 분들에게 실용적인
선물이길 바라요.

**소중한 사람이 떠오르는 따뜻한 대화였어요. 다가오는
연말은 어떻게 보내려고 하세요?**
겨울은 우리 가족이 한 해를 마무리하고 다음 해를
계획하는 뜻깊은 계절이에요. 저희 아이는 아직 산타
할아버지를 믿어요. 이 녀석이 산타를 믿지 않으면 선물을
받지 못할 거라고 생각해서 여전히 믿는 건지 알 수는
없지만…. 진심으로 산타를 믿는 것 같아요. 아이 친구가
산타는 가공의 인물이라고 했다면서 아이가 울먹이며
저한테 그게 진짜냐고 물어보기도 했어요. 남편과 저는
할아버지도 먹고살아야 하니 아직도 일하고 있다고
말해주었죠. 이제는 사실을 말할 때도 온 것 같지만 아직
일러요. 12월은 그런 아이의 순수함과 성장의 통증, 설렘이
가득해요. 추위 속에서 따뜻함을 바라듯 12월은 다음으로
나아가기 위한 추위라고 생각해요. 언제나 그래왔듯이.

대화를 마치고 지금의 나로 존재하기까지 축하와 사랑을
보낸 얼굴들이 자연히 떠올랐다. 초를 불 줄 모르던 시절의
생일부터 대학 졸업식, 원하던 회사에 합격한 그날까지
나를 환히 안아주던 얼굴들. 우리가 마주하는 기쁨과
슬픔은 혼자 끌어안기엔 너무나 커다랗다. 곁의 소중한
사람들과 그 조각들을 조금씩 떼어 가지며 기억할 수
있다는 건, 무척 다행인 일이다.

조그만 손에 쥐어질 순간을 위해

에디터 황진아
포토그래퍼 박은비

종착지에서 만난 새로운 출발선

키니스 장난감 병원은 공학 교수로 35년간 재직하다
2011년 정년으로 퇴임한 김종일 이사장이 설립한
비영리 봉사단체다. 뜻을 함께하는 자원봉사자들과
고장 난 장난감을 고쳐 아이들에게 다시 선물하고 있다.
'키니스Kinis'라는 이름은 '아이kid'의 ki, '실버silver'의 si를
거꾸로 한 is, 그리고 두 세대의 공존을 뜻하는 'and'의 n을
더해 만들었다. 아이와 노인이 연결되는 곳, 장난감으로
세대가 이어지는 병원이다.
이곳에서는 6개월 이상 봉사한 봉사자에게 장난감 박사
학위를 수여하고 서로를 '박사님'이라 부른다. 열두 명의
박사님 평균 나이는 70세를 훌쩍 넘는다. 젊은 시절의
생업을 마친 뒤, 삶의 다음 장으로 걸음을 옮긴 이들이
모여 있다.

"정년 퇴임이라는 건, 내가 늘 가던 곳을 어느 날부터는
더 이상 갈 수 없게 되는 일이에요. 저처럼 대학교수였던
사람들은 '교수실'이라고 자기 방이 있잖아요. 그 방문을
다시 열 수 없다는 것이지요. 지금 와 생각해 보면
키니스 장난감 병원을 세운 이유는 그저 제가 할 수 있는
또 다른 일을 찾고 싶었기 때문이었어요. 거창한 대의가
있어서 시작한 봉사는 아니었지만, 이렇게 여전히 어딘가
갈 곳이 있고, 내 재능의 일부를 사회에 돌려주는 일을
하고 있으니 큰 기쁨을 느껴요."

첫 추억을 선물하는 병원

병원으로 들어오는 장난감 상자는 하루 열에서 열다섯
박스. 한 상자에 장난감이 두 개씩은 들어 있으니 하루에
스무 개에서 서른 개 이상을 고치는 셈이다. 연간으로는
평균 만 개 이상의 장난감을 치료한다.
이 장난감이 다시 아이들의 손에 쥐어질 순간을 상상하며
오늘도 박사님들은 작업장에 앉아 드라이버를 든다. 그저
장난감을 고치는 것이 아니라, 아이가 처음 갖는 자신의
소중한 것을 되살려 선물하는 일이다.

"우리는 장난감이라는 걸 제대로 경험하지 못한
세대잖아요. 병원을 운영하면서 느끼는 건, 장난감이
아이들에게 정말 중요하다는 거예요. 아이들이 울다가도
장난감을 주면 눈물을 뚝 그치죠. 아이들에게 큰 정서적
안정감을 준다는 건 확실해요. 장난감은 아이들이
갖는 최초의 자기 것이거든요. 이 물건에 애착이 있으니
병원에도 보내지 않겠어요? 그러니 장난감 수리는
단순한 수리가 아니라 아이들에겐 소중한 것을 되찾게
해주는 일인 거예요."

내 것을 기꺼이 내어주는 마음

세상에 장난감 없는 아이가 없도록

박사님들이 처음부터 '박사님'이었던 것은 아니다. 병원을
설립하고 몇 개월 동안은 머리를 맞대어 함께 장난감을
부수고 분해하고 조립하며 기술을 익혔다. 장난감 병원이
세워진 지 15년이 지난 지금은 인천 주안점, 인천 서구점,
수원점 세 곳의 지점이 운영되고 있다. 그간 쌓아온 경험을
바탕으로 기술을 배우려는 수강생들에게 교육도 진행한다.
김종일 이사장의 요즘 고민은 장난감 병원을 이어받아
운영할 후임자를 찾는 일이다. 아이들이 세상에 존재하는 한
장난감은 계속 필요할 테니, 병원 문을 열어두고 이 봉사가
지속되길 바라는 마음이다.

"이제는 문을 닫을 수 없는 일이 된 거예요. 그러니 제 뒤를
이을 사람을 찾아야죠. 여기에서 봉사하려면 한 가지는
반드시 갖춰야 합니다. 바로 '봉사하겠다는 마음'이에요.
제가 생각하는 봉사는 단순해요. 남는 시간에 잠깐
참여하는 것이 아니라, 자신의 시간을 내고, 때로는
개인 비용이 들어가는 것조차 감수할 수 있어야 하죠.
그래서 처음 병원을 시작할 때 발생하는 모든 비용과 장비,
장소 마련까지 제 사비로 감당했어요. 또 병원을 운영하며
스스로 지키기로 한 약속이 하나 있는데요. 봉사하러
오신 분들의 점심을 사드리는 것이에요. 감사한 분들에게
점심 한 끼 정도는 제공해야 마땅하니까요. 이 약속을
지키는 게 처음엔 이렇게 어려운 줄 몰랐지만요(웃음)."

키니스 장난감 병원은 단순히 장난감을 수리하는 데
그치지 않고, 기증받은 장난감을 필요한 가정이나 아동
시설에 다시 전하고 있다. 새 장난감뿐 아니라, 아이가
금세 싫증을 내거나 훌쩍 자라 더 이상 사용하지 않게 된
중고 장난감도 포함된다. 박사님들은 기증받은 물건을
하나하나를 점검하며 안전과 기능을 확인한 뒤 유치원,
어린이집, 보육원, 어린이 재활병원, 지자체나 복지 단체
등에 전달한다. 병원이 품은 작은 꿈 중 하나는 '장난감 없는
아이가 없는 세상'을 만드는 것이다.

"10년 넘게 이 일을 해보니 장난감에도 빈익빈부익부가
있다는 걸 알게 됐어요. 어떤 곳은 넘치지만, 어떤 곳은
물려받아야 할 만큼 부족하죠. 아이들은 자신의 나이대에
맞는 장난감을 갖고 노는 게 정서적으로 좋다고 생각해요.
하지만 모든 아이가 그렇게 누리지 못합니다. 여기서는
저희가 보관 중인 장난감을 가져가거나, 고장 난 것을
고쳐주기도 하니 특별한 날이 아니어도 아이들에게 기쁨을
선물할 수 있어요. 저희에게 기증해 주시겠다는 분이
나타나면 마다하지 않고 모두 받아요. 어려운 가정 환경
때문에 장난감이 부족한 아이가 없도록, 계속해서 고치고
선물하는 것이 우리의 목표예요."

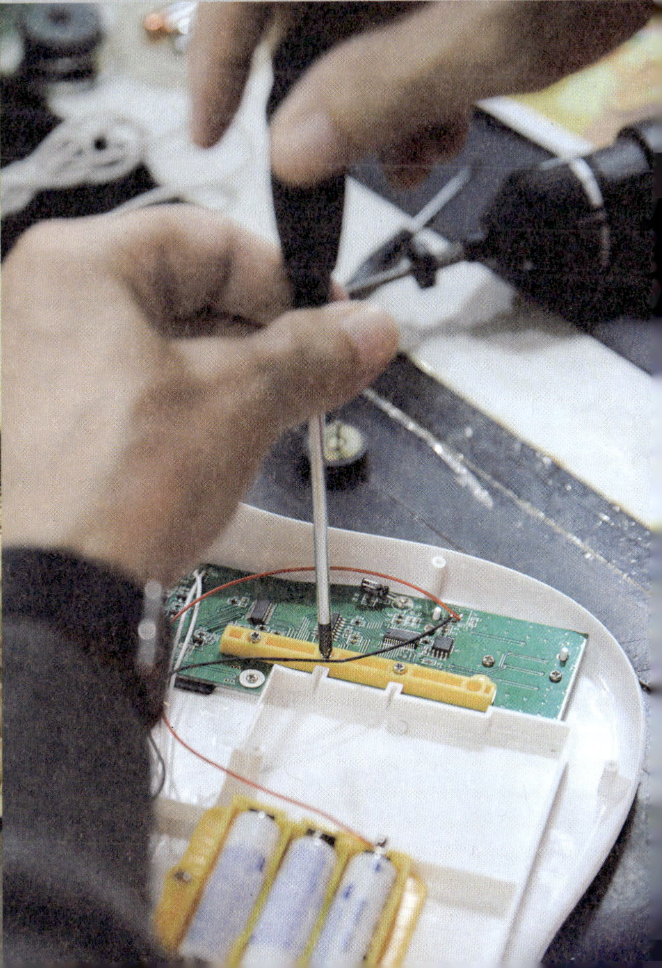

김기성 박사

방금 공처럼 생긴 장난감을 고치시던데 무슨 문제로 고장이 난 거예요?
전원 공급 쪽 선 문제더라고요. 안쪽에 배터리가 연결되는 선이 끊어져서 그걸 고치고 있었어요.

박사님 세대에는 장난감이 지금처럼 많지 않았을 텐데, 요즘 장난감은 참 다양하죠?
그렇죠. 특이한 장난감도 많아요. 사실 장난감이 간단한 것 같아도 모든 기술의 집합체거든요. 이전에는 소리 나고 불빛 나는 정도만 있었을 텐데, 요즘에는 굴러가고 뒤집히고 완전히 로봇 같아요. 요새 아이들도 너무 간단한 건 싫어하지. 눈이 높아져서(웃음).

박사님께서는 대학에서 교수로 재직하시다가 정년 퇴임하신 뒤에 봉사하고 계신 것으로 알아요.
맞아요. 김종일 이사장과는 대학 동기고, 퇴임도 같은 시기에 했어요. 이사장에게 장난감 병원을 같이 해보자는 제안을 받고 시작했죠. 저는 조선 공학 교수였기 때문에 배나 선박 구조처럼 큰 규모의 공학 문제를 다뤘어요. 하는 일이 아예 달랐기 때문에 처음에는 익숙하지 않았는데 오랜 경험을 쌓다 보니 점점 알게 되더라고요. 봉사를 하면서 새로운 것도 계속 배우게 되고요. 누구나 오시면 다 배우실 수 있어요. 물론 전자 문제나 전기 회로처럼 전문적인 부분은 어려울 수 있지만, 많이 해보면 '이 장난감은 어떤 문제겠다' 하는 감이 생기더라고요.

이곳에서는 전문적으로 맡은 장난감이 조금씩 다르다고 하던데요. 박사님은 주로 어떤 수리를 담당하세요?
저는 주로 쉬운 거를 맡아요(웃음). 불빛이 나오거나 소리가 나거나 굴러가는 정도의 쉬운 장난감이요.

좀 더 신경 써서 수리하는 장난감도 있나요?
장애아를 키우는 보호자의 장난감 수리 의뢰가 들어오면 특별히 신경 써서 살펴봐요. 그런 분들이 방문하거나 택배를 보내시면 어떻게든 도움을 드리고 싶어요. 아이가 어려서부터 가지고 놀던 장난감에 애착이 생겨서 나이가 들어도 계속 그 장난감만 찾는 경우가 있거든요. 아무리 더 좋은 장난감을 줘도 자기가 가지고 놀던 것을 원하는 거죠. 그 장난감이 고장 났을 때 고쳐주면 좋은데, 끝까지 고쳐지지 않을 때는 미안하고 안타깝죠.

봉사를 하시면서 좋은 점도 있을 것 같아요.
다른 박사님들과 얘기도 하면서 지루하지 않게 시간을 보낸다는 점이 좋아요. 무엇보다 고장 난 걸 다시 작동하게 했을 때 큰 보람을 느끼죠. 아이들이 다시 받고 행복해하는 모습을 보면 더 기쁘고요. 사실 봉사는 남을 위한 것이라기보다 자신을 위한 일이에요. 받는 것보다 주는 게 훨씬 더 만족스럽죠. 몇 개월 전 〈유 퀴즈 온 더 블럭〉이라는 프로그램에 저희 병원이 소개된 후, 장난감 수리 의뢰가 크게 늘었어요. 평소보다 두 배 이상 많다고 보시면 돼요. 예전에는 장난감이 밀리지 않았는데, 이제는 밀릴 정도니까요.

찾는 분이 많아지면서 힘들진 않으세요?
어쩔 수 없지요. 그만큼 더 열심히 해야죠(웃음). 언제까지 이 봉사를 할지는 모르지만, 계속해 보려고 해요.

김성진 박사

이곳에 오시기 전에는 어떤 일을 하셨나요?
원래는 화학 공장에서 엔지니어로 일했어요. 공장이나
산업 시설을 설계하는 일도 했고, 나중에는 제조업체
기술부에서 프로젝트를 맡아 진행하기도 했고요. 그러다가
조금 특이하게 미국으로 이민을 가게 됐죠.

미국이요? 언제쯤 가셨어요?
한 30년 전에요. 그곳에서 작게 사업을 하다가 귀국한
지 3년 정도 됐어요. 미국 생활을 정리하고 한국에
돌아와서는 노후를 편히 보내야겠다고 생각했어요. 처음
1년은 아내와 함께 체육센터 다니면서 피트니스나 수영,
요가를 하고, 집에 와서는 점심 먹고 쉬고, 저녁에는
취미생활이나 산책을 하며 지냈어요. 그렇게 살려고 온
건데, 막상 계속 그런 생활만 하다 보니 언젠가부터 너무
지루하더라고요.

일을 꾸준히 해오셨다 보니 더 그랬겠어요.
맞아요. 사실 미국에 있을 때부터 봉사를 해봐야겠다는
생각이 있었어요. 그래서 한국에 와서 제가 할 수 있는
봉사가 뭘까 찾아봤죠. 그러다가 지인을 통해 키니스
장난감 병원을 알게 됐어요. 얘기를 듣고 이사장님께
"저도 일 좀 해보고 싶다."고 말씀드렸죠. 올해 1월부터
시작했으니까 아직 1년이 조금 안 됐어요. 예전에 하던
일과 조금 관련된 부분도 있고, 잘 모르는 건 옆에 계신
박사님들께 배우면서 하나씩 익히면서 하고 있어요.

예전부터 손으로 만들거나 고치는 게 익숙하셨어요?
미국에서는 대부분 개인 주택에서 살고, 인건비가 정말

비싸요. 뭐 하나 고치려 해도 비용이 많이 들죠. 그래서
집에 문제가 생기면 직접 손을 대기 시작했어요. 예를 들어
수리비가 100만 원 정도 든다면, 공구를 20-30만 원
주고 사서 내가 직접 고치는 식이죠. 그러면 돈도 절약되고
공구가 생기니 나중에도 활용할 수 있잖아요. 집 안의 여러
문제들을 직접 손보게 되면서 자연스럽게 손으로 무언가를
만드는 일에 익숙해지고 숙달됐죠.

요즘에는 어떤 장난감을 주로 수리하고 계세요?
특히 마우스 고장이 많아요. 마우스가 작동하지 않거나
USB 연결부가 헐거워지는 경우도 있고요. 애들이 선이
있는 마우스를 자꾸 끌고 들이디니니 뇌요(웃음).

**봉사를 하시면서 특별히 기억에 남는 일이 있다면
들려주세요.**
예전에 비눗방울이 나오는 물총이 고장 나서 들어온 적이
있어요. 아이가 그 장난감을 많이 아꼈던 모양이에요. 다른
곳에 수리를 맡겨 봤지만 결국 고칠 수 없었대요. 그래서
'더 이상 안 되면 버리자.' 하는 마음으로 마지막으로 여기
가져오신 거예요. 그런데 제가 그걸 고쳐드렸죠.

와, 정말 뿌듯하셨겠네요.
그럼요. 이 일을 하면서 보람을 느끼니까 정말 좋아요.
고장 난 장난감을 택배로 보내는 경우도 있지만, 보호자와
아이가 직접 와서 맡기고 찾아가는 경우도 있거든요.
그러면 "커피라도 대접하고 싶다."고 하시는 분도
계시는데, 저희는 절대 사양하지만 그럴 때도 기분이 좋고
뿌듯하죠.

원덕희 박사

여기에는 같은 모빌들이 쌓여 있네요?
동일한 모델인데 전국 각지에서 온 모빌이에요.

요즘 인기 있는 제품인가 봐요.
그런 것 같아요. 병원에 가장 많이 들어오는 장난감이
모빌이에요. 들어오는 장난감을 보면 아이 연령대가 어느
정도인지 짐작할 수 있거든요. 모빌은 신생아 때부터
뒤집거나 기어다니기 시작할 무렵까지 사용하죠. 오래돼서
고장 나기도 하고, 빙글빙글 돌아가는 인형을 아이가
잡아당겨서 망가뜨리기도 해요. 저는 주로 모빌 수리를
맡고 있는데, 가장 어린아이들의 장난감인만큼 최대한
빨리 고치려고 해요. 그러니까 제 팬이 전국에 11만 명쯤
되는 셈이죠.

11만 명이요?
우리나라 신생아가 1년에 약 23만 명 정도 된대요. 모빌은
보통 생후 6개월까지 보니까 절반 정도 잡으면 11만 명쯤
돼요. 그 아이들이 다 제 팬인 거죠(웃음).

웬만한 연예인 못지않은 팬층이에요(웃음).

그래서 퇴근하다가도 모빌이 들어오면 얼른 고쳐서
보내주려고 해요. 그 시기 부모님들은 하루 종일 아이 곁에
있어야 하잖아요. 모빌이라도 돌아가야 잠시나마 설거지도
하고, 숨 돌릴 수 있으니까요. 제가 고치는 장난감들의
통계를 내고 있는데요. 월별로, 연도별로 모빌이 몇 개
들어왔고 그 모빌 중에 몇 개를 고쳤는지 계산해요. 1년에
제가 고친 게 780개쯤 되나 봐요.

**모빌 전문의가 맞으시군요(웃음)! 하루에 적어도
두 개씩 모빌만 손보신 셈이네요. 봉사는 어떻게
시작하시게 됐어요?**
이사장님 친구 되시는 분과 제가 함께 근무했었는데,
그분 소개로 오게 됐어요. 처음 왔을 때는 제가 제일
막내니까 힘든 일을 맡는 거예요(웃음). 청소도 하고,
택배 관련 업무도 같이 하면서요. 어느새 6개월이 지나고,
장난감 수리에 재미를 느끼기 시작했죠. 힘은 들지만
고친 장난감이 다시 작동할 때 느끼는 성취감이 정말 커요.

원래 박사님께서는 교직 생활을 하셨다고요.
맞아요. 공업계 고등학교에서 전기과 교사로 36년 동안
아이들을 가르치다가 은퇴했어요. 처음부터 교직에 대한
꿈이 있어서 교사가 된 건 아니었어요. 취직이 어려우니
돈을 벌려고 시작한 일이었죠. 정년을 맞이하고 이곳에서
봉사하면서 좋아하는 일을 하고 있다는 느낌이 들어요.
그런데 제가 언젠가 소변에 피가 섞여 나와서 큰 병원에
갔더니 방광암이 발견되었어요. 1년 사이에 수술을
세 차례나 했죠. 수술할 때마다 며칠씩 입원해 있는데
아무것도 안 하고 누워만 있어야 하니까 너무 심심한
거예요. 머릿속으로는 '아, 언제 가서 모빌 고치지.' 생각만
맴돌고요. 그래서 퇴원한 바로 다음 날 와서 장난감을
고쳤어요. 퇴원하고 며칠은 쉬어야 한다는데 바로 장난감
병원으로 나오니 아내가 저한테 뭐라고 하더라고요(웃음).

**박사님에게는 이 일이 큰 원동력이 되는 것 같아요.
말씀하시는 내내 표정에서 활력이 느껴져요.**
저희 인터넷 카페 후기 게시판에 '고맙다'고 달아준
댓글들을 보면 굉장히 흐뭇해요. 특히 치료 과정이 어려운
장난감을 붙들고 고민하다가 원인을 찾아내 결국 작동하게
했을 때의 성취감은 말로 할 수 없죠. 잘하고 못하고를
떠나, 못하더라도 열심히 배우고 노력하고 싶은 마음이
드는 일이에요.

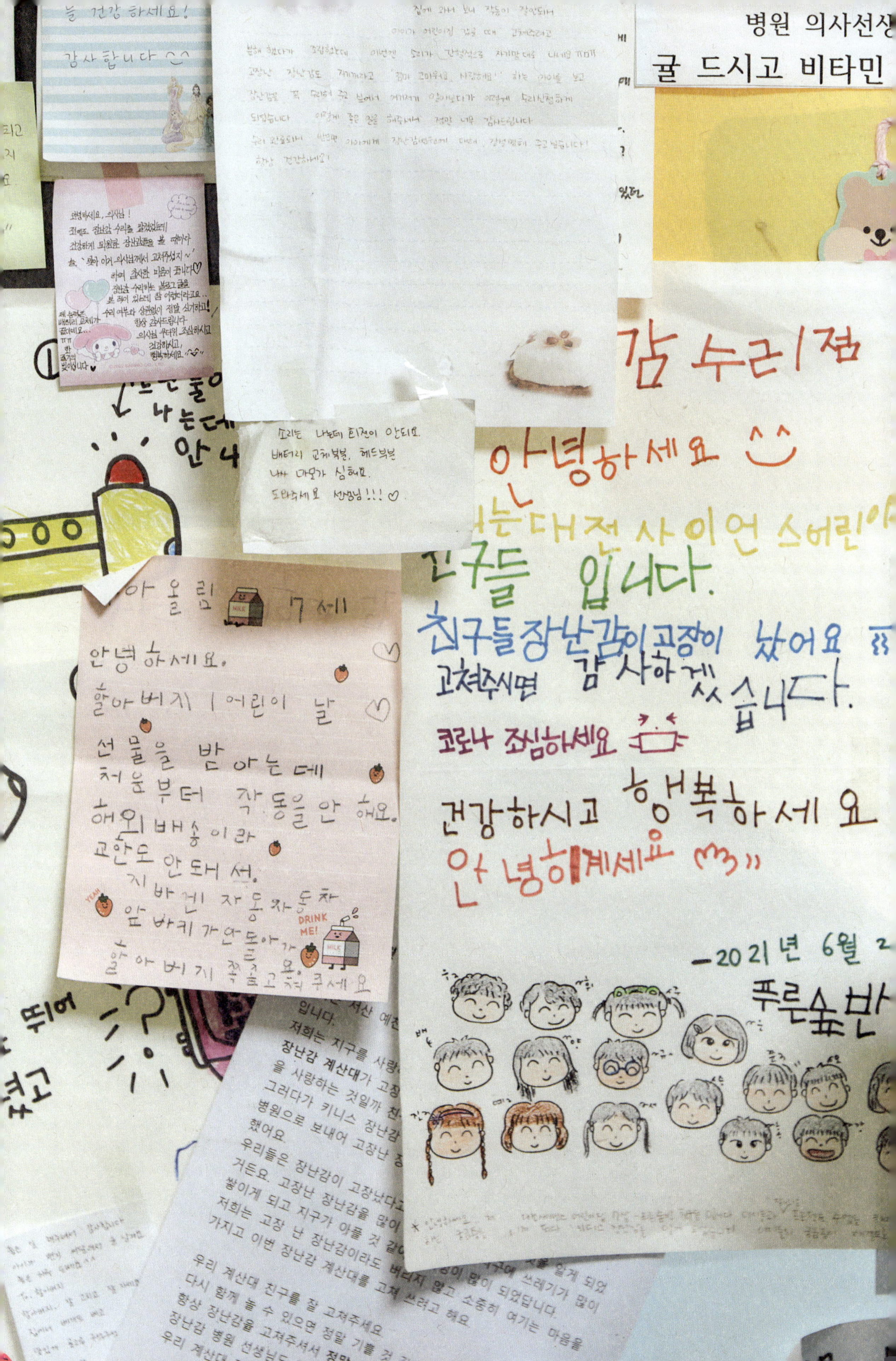
병원 의사선생
귤 드시고 비타민

감 수리점
안녕하세요 ^^
는 대전 사이언 스버린이
친구들 입니다.
친구들 장난감이 고장이 났어요
고쳐주시면 감사하겠습니다.
코로나 조심하세요
건강하시고 행복하세요
안녕히계세요
-2021년 6월 2
푸른숲반

아올림 17세
안녕하세요.
할아버지 | 어린이 날
선물을 받아는데
처음부터 작동을 안 해요.
해외배송이라
교안도 안 되서,
지 바퀴 자동차 동차
앞 바퀴가 안 돌아가
할아버지 쪽고쳐주세요

소리는 나는데 티전이 안되요.
배터리 교체부분, 헤드부분
나사 마모가 심해요.
도와주세요 선생님!!! ♡

버튼 하나만 꾹 누르면 받는 이의 집 앞으로 순식간에 선물을 보낼 수 있는 요즘.
선물의 다른 말은 진심이라 믿는 진현은 좀더 느린 호흡으로 선물에 진심을 포갠다.
선물 형태와 상대의 취향에 어울리는 포장지를 고르고, 그것을 고이 감싸는 과정이
무척 아름답다 여기면서. 그가 이끄는 포장 도구 브랜드 가위kawi의 패턴지를
손끝으로 매만지며, 얇은 한 장의 종이에 얼마나 두터운 진심이 담겼는지 헤아려 본다.

얇고 부드러운 진심의 물성

이진현—kawi

에디터 차의진   포토그래퍼 박은비

**초대해 주셔서 감사해요. 이렇게 예쁜 사무실은
처음 봐요.**
반갑습니다. 원래 이 건물의 다른 층에 있었는데, 제품
보관 공간이 더 필요해져서 이곳으로 이사했어요. 천장
마감 보이시죠? 사무실 두 곳을 터서 하나의 넓은 공간으로
만든 거예요. 가운데에는 길게 테이블을 두고 고객들과
워크숍을 열거나 직원들과 선물 포장을 하곤 해요.

**진현 씨는 가위를 이끌고 있죠. 이곳에서의 하루는
어떻게 흘러가나요?**
보통 오전 11시나 12시쯤 느긋하게 출근해요. 직원들 택배
업무를 도와주고 별다른 일이 없으면 일찍 퇴근하죠.

혹시 그다음엔….
(웃음) 아, 집에서 디자인 작업을 해요. 새벽까지 작업이
이어지는 경우가 많다 보니 집중할 수 있는 환경에서
연속성 있게 일하려고요. 이런 일과를 들으면 다들
에디터님처럼 의아해하시는데, 사무실에서는 디자인
외의 업무만 처리하는 편이에요. 집에서 일하면 눕고 싶지
않냐는 질문도 많이 받는데, 이렇게 일한 지 오래돼서인지
저는 오히려 집에서도 집중이 잘되는 편이에요.

**아, 역시 그런 이유였군요(웃음). 브랜드 소개로 시작해
볼까요?**
가위는 선물을 도와주는 자그만한 것들을 직접 디자인하고
선보이는 브랜드예요. 선물 포장을 위한 패턴지, 여닫을
수 있는 종이봉투 형태의 바텀 백 등 간단하면서도
정성스러운 포장을 돕는 제품들을 만들고 있어요. 여기에
마음을 표현할 수 있는 메시지 카드나 기프트 태그도
함께 판매하고요. 최근에는 제품에 사용된 패턴을 응용한
마스킹 테이프처럼 문구류로 영역을 조금씩 넓혀가고
있네요.

**요즘은 예쁘게 디자인한 브랜드 종이 가방에 선물을
담거나, 포장을 생략하고 선물을 배송하는 방법도 여럿
있잖아요. 그럼에도 불구하고 왜 가위는 특별한 도구로
선물 포장하는 일을 제안하나요?**
브랜드를 시작할 때부터 정말 많은 분들이 같은 질문을
하셨어요. 모든 것이 빠르게 흘러가는 이 시대에, 가위는
어떤 역할을 할 수 있을지 저 역시 오랫동안 고민했죠.
사람들이 점점 더 효율적인 삶을 추구하는 건 자연스러운
흐름이지만, 저희는 그 속에서도 포장처럼 느리고
아름다운 행위가 존재한다고 믿어요. 사람들은 여전히
손 편지를 쓰고, 종이책을 읽고, 마음을 담은 선물을
준비하잖아요. 누군가를 떠올리며 포장지를 고르고,

손끝으로 종이의 결을 느끼고, 리본을 묶는 과정에서도
마음이 자연스레 스며든다고 생각해요. 효율만 따진다면
포장은 생략해도 되는 일이지만, 그 안에는 시간을 들이고
정성을 담는 특별함이 있어요. 그래서 저는 포장이 단순한
장식이 아니라, 진심을 전하는 도구가 될 수 있다고
생각해요.

**가위의 슬로건은 "The things that make us
happy(우리를 행복하게 하는 것들)"이에요. 어떤 의미인가요?**
저희 제품을 통해 선물을 준비하는 사람도, 받는 사람도
모두 행복한 기분을 느꼈으면 해요. 선물은 사람과
사람을 이어주는 매개잖아요. 가위도 그런 역할을 할 수
있길 바라요. 저희는 무료 선물 포장 서비스를 제공하고
있는데요, 가끔 주문자와 받는 분의 이름이 다를 때가
있어요. 그럴 때면 '이 선물이 주문자를 거치지 않고 바로
전달되는구나.' 하고 알아차리죠. 그럼 저는 선물을 대신
전해드리는 마음으로 정성껏 포장해요. 비록 가위는
중간에서 선물을 전달하는 역할이지만, 보내는 이의
마음이 온전히 전해지길 언제나 바라요.

가위가 소개되는 곳에는 이 문구도 자주 보여요. "사랑하는 사람에게 선물하고 싶은 날, 가장 먼저 떠올리는 브랜드." 이 문장은 어떻게 탄생했나요?
브랜드를 준비하면서 한 사람이 얼마나 자주 선물을 하는지, 또 그중 포장이 필요한 경우는 얼마나 될지 고민해 봤어요. 생각보다 횟수는 많지 않겠더라고요. 그렇다면 저희 제품은 단순히 '예쁘니까 한번 사볼까?'가 아니라, 누군가에게 선물하고 싶은 그 순간 바로 떠오르는 브랜드가 되어야 한다고 생각했어요. 그래서 그 마음을 그대로 담아 이 문구를 만들게 되었죠.

특별한 브랜드를 시작하게 된 계기가 궁금해지네요.
디자이너로 일하다가 영국으로 유학을 떠났어요. 회사를 그만두고 간 상태라, 한국에 돌아오면 무직이고 앞으로 뭘 해야 할지 정해지지 않은 불안한 상황이었어요.

하지만 요즘은 좀더 친환경적인 인쇄 방식과 재사용 가능한 방법을 고민하게 됐죠. 포장은 결국 찢어서 버릴 건데 왜 사야 하냐는 이야기를 자주 들어요. 그런 이유로 구매를 망설이는 분들도 많을 거예요. 그래서 저희는 포장지가 단순히 한 번 쓰이고 버려지는 물건이 아니라, 그 이후에도 쓰임이 이어지는 소재라는 점을 알리고 싶어요.

환경에 대한 그런 고민이 반영된 상품이 바텀 백이겠죠.
맞아요. 뚜껑이 있는 각 잡힌 종이봉투 형태로, 패턴지를 사용하지 않고도 쉽게 포장할 수 있도록 제작했어요. 처음엔 뚜껑 안쪽에 양면테이프를 붙여서 한 번만 사용할 수 있었는데, 재사용이 어렵다는 점이 아쉬웠어요. 이제는 뚜껑에 벨크로를 달아 구겨지지 않았다면 얼마든지 다시 사용할 수 있도록 바꿨어요.

영어도 능숙하지 않았죠. '왜 이렇게 우울할까? 내가 여기서 뭘 하고 있는 걸까?'라는 생각이 자주 들었는데요. 그때 강렬하게 다가온 건 영국 사람들이 선물을 대하는 태도였어요. 한국과 달리 서점이나 소품숍 어디서든 엽서나 포장지를 쉽게 볼 수 있었고, 남녀노소 자연스럽게 고르는 모습이 인상적이었죠. 행복해 보이는 표정이 당시의 저와 대조되어 기억에 오래 남았어요. 그때부터 막연히 '한국에서도 저런 표정으로 선물 포장지를 고르는 사람들을 보고 싶다.'고 생각했고 지금의 가위를 시작하게 되었네요.

그렇게 4년 동안 사람들에게 꾸준히 알려져 왔죠. 초창기와 지금, 선물과 포장을 바라보는 시선에 달라진 부분이 있나요?
그때나 지금이나 선물에 대한 생각은 변함이 없어요.

또 패턴지를 선물뿐만 아니라 일상 어디서든 활용할 수 있다는 걸 강조하는 것 같았어요.
고객 후기에서 자주 보이는데 패턴지를 북커버로 많이들 쓰세요. 패턴지 그대로 벽에 붙여서 포스터로 사용하거나 원하는 부분만 잘라서 액자에 넣을 수도 있고요. 실제로 함께 일하는 인쇄소에서 저희 패턴지를 수납장 가림막으로 붙여 두시더라고요.

제품에 관해 계속 이야기 나눠볼게요. 패턴지가 모두 몇 종류인가요?
인터뷰를 위해서 전부 세어봤는데, 품절되거나 단종된 제품까지 포함하면 40종 정도예요. 패턴지마다 번호를 붙였는데, 출시 순서는 아니고 그냥 느낌에 따라 정해요. "이건 47번이 어울리겠다." 하면 그대로 47번이 되는 식이에요(웃음).

kawi

다양한 종류 중에서 내 선물에 꼭 맞는 걸 고르는 팁을 알려주신다면요?
선물 크기와 형태를 떠올려 보세요. 예를 들어 작은 선물이라면 작은 패턴을, 길쭉한 선물이라면 세로 방향 패턴을 쓰길 권해요. 꽃들이 일제히 같은 방향으로 서 있는 그런 모양이요. 당연히 받는 사람의 이미지나 취향을 반영해도 좋겠죠.

디자인할 때 염두에 두는 부분도 있나요?
선물하는 분, 선물을 받는 분의 연령대와 취향을 가늠하기 어렵다보니 누구나 거부감 없이 받아들일 수 있는, 중성적인 이미지를 추구해요. 패턴지 종류가 많아지면서는 더 다양한 시도도 하고 있고요. 어디서도 보지 못한 독특한 패턴이나, 아예 귀엽거나 화려한 디자인도 선보이고 있죠.

각각의 고유성을 살리려는 편이죠.

배송용 패턴지를 포장하는 방식도 무척 흥미로워요.
패턴지 전용 박스를 직접 제작해 사용해요. 종이 양쪽에 지지대를 끼워 넣는 구조라 배송 중에 박스가 던져지더라도 종이가 구겨지지 않아요. 온라인 주문 고객분들이 가장 걱정하시는 부분이 '과연 종이가 망가지지 않고 도착할까?' 하는 점이잖아요. 그 고민을 해결하기 위해 여러 형태를 시도했고, 직접 샘플을 만들어서 경기도와 서울 친구 집들로 테스트 배송도 해봤어요. 다행히 지금까지는 모든 주문이 온전히 잘 도착했다는 후기를 받았어요.

포장을 위한 가위만의 또 다른 디테일이 있다면요?

다채로운 선택지 안에서 취향에 맞는 디자인을 고를 수 있게 한 거네요.
그렇죠. 초기에는 기하학적인 패턴이 많았지만 요즘 일러스트가 들어간 패턴지가 많은 것도 그 이유예요. 실사처럼 보이는 묘사라든지, 선이 굵은 느낌이라든지 일러스트 안에서도 다양한 스타일을 시도하고 있어요.

브랜드 결에 맞는 일관성 있는 디자인을 보여주는 건 어렵기도 하겠어요.
오히려 저는 가위 스타일이 하나로 정의 내려지지 않아야 한다고 생각해요. 선물 받는 분들은 불특정 다수잖아요. 모두가 서로 다른 이유로 포장을 하기 때문에 패턴지 스펙트럼이 넓어야 하니까, 일관된 스타일이 있으면 안 된다고 생각해요. 일러스트를 활용한 패턴지라고 해도 계속 다른 사람이 그려낸 것 같은 느낌을 추구해서 패턴지

말씀드린 무료 선물 포장 서비스가 바로 그게 아닐까 싶어요. 지류가 아닌 다이어리, 가위, 캘린더, 파우치 같은 제품은 원하시는 분들께만 저희 패턴지로 직접 포장을 해드리는데요. 처음에는 이 서비스가 과연 매력적인 옵션이 될까 반신반의했지만, 많은 분들이 좋아해 주시는 걸 보면서 오히려 우리 브랜드만의 특별함으로 자리 잡을 수 있겠다는 생각이 들었죠. 나를 위해 제품을 구매하는 분들도 마치 스스로에게 선물을 주듯 포장 서비스를 선택하시기도 하고요. 저희 직원 중에 한국과 일본 모두에서 선물 포장 자격증을 취득한 분이 주로 포장을 맡고, 저와 다른 디자이너도 포장 작업에 참여하고 있어요. 저는 포장법 수업을 수강하면서 공부했죠.

고객들과 교류하면서 제품에 대한 아이디어를 얻기도 할 것 같아요.

전에 한 팝업에서는 작은 기프트 태그를 만들어 제품
구매 시 무료로 나누어 드렸어요. 그런데 그 태그를 받기
위해 제품을 구매하시는 분들도 계시더라고요. 그때
'이런 장식 요소도 많은 분들이 좋아해 주시는구나.'라는
걸 느끼고 정식 제품으로 출시하게 됐죠. 긴 메시지
카드를 쓰기엔 부담스럽지만 간단한 인사나 짧은 문구를
적고 싶을 때 사용하기 좋은 아이템이에요. 이렇게
팝업이나 입점처 사장님들 그리고 고객 후기 등을 보면서
자연스럽게 불편한 점이나 개선할 점을 찾아가고 있어요.

**크리스마스 때마다 패턴지를 출시하고 있죠. 올해 패턴,
정말 아름다워요.**
이번 크리스마스 패턴지도 일러스트레이터 작가님과
협업해 제작했어요. 이전에는 크리스마스를 상징하는
오브제를 중심으로 구성했다면, 이번에는 동화 속 한
장면처럼 이야기가 담긴 패턴을 만들어보고 싶었어요.
그렇게 작가님을 찾던 중 임소영 작가님을 알게 되었고,
올해 함께 작업하게 됐죠. 산타클로스가 이야기를
들려주고, 그 앞에 동물 친구들이 둘러앉아 있는 따뜻한
장면이 담긴 패턴이에요. 여름부터 준비하다 보니 반팔을
입고 크리스마스 이야기를 나누는 상황이 종종 있었어요.
작가님도 "에어컨을 빵빵하게 틀고 크리스마스 그림을
그리니 기분이 묘하다."고 하시더라고요(웃음).

어머, 캐럴이라도 틀어 두어야 할 것 같아요.
작가님도 실제로 그렇게 작업하셨대요(웃음).

**진현 씨에게 선물은 단순히 교환을 넘어 어떤 의미로
자리 잡고 있어요?**
선물은 진심이에요. 준비하고 전하는 순간까지 온전히
상대방을 생각하게 만드니까요. 진심이 아니고서는 다른
이를 위해 시간이나 정성을 들일 수 없을 거예요.

**개인적으로 선물과 포장을 준비하는 과정은 어떻게
즐기고 있나요?**
상대를 많이 생각해요. 최근에 가위의 또 다른 디자이너
언니가 육아로 재택근무를 하고 있는데, 요즘 아이가
매일같이 바깥에 나가자고 한대요. 그래서 비가 오더라도
유아차를 끌고 한두 시간씩 집 앞 공원을 돈다고
하더라고요. 그 이야기를 들으며 조금은 힘들어 보인다는
느낌을 받았어요. 그래서 언니가 그 시간을 조금이라도 더
즐겁게 보냈으면 하는 마음으로, 곧 겨울도 다가오니 어그
슬리퍼를 선물했어요. 짧은 순간이지만 언니가 행복하길
바라는 마음으로 선물을 고르고, 언니가 직접 디자인한
신제품 포장지로 감쌌어요.

**따뜻한 이야기예요. 마지막으로 조금 뻔하지만…
좋은 선물이란 무얼까요?**
애정과 진심이 담겨 있다면 모두 좋은 선물일 거예요.

패턴지의 다양한 쓰임

북커버 만들기

1. 종이 자르기

책의 세로 길이 + 6센티미터, 책을 펼쳤을 때의
너비 + 14센티미터로 종이를 잘라주세요.

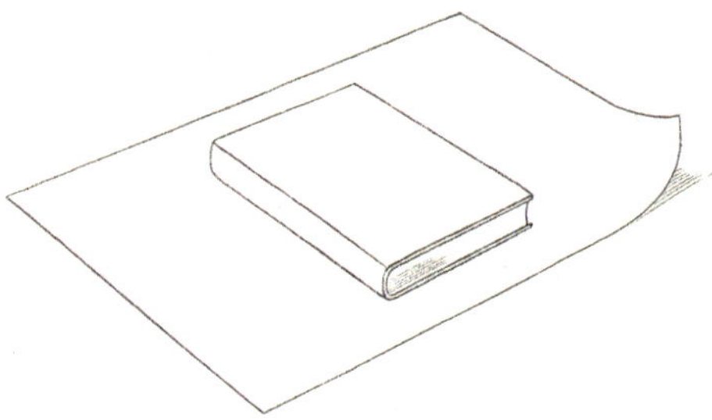

2. 가이드 선 긋기

그림의 점선 부분(상하 3센티미터, 옆면 7센티미터)에 연하게
가이드라인을 그립니다.

3. 선을 따라 접기

가이드라인에 맞춰 순서대로 접어줍니다.

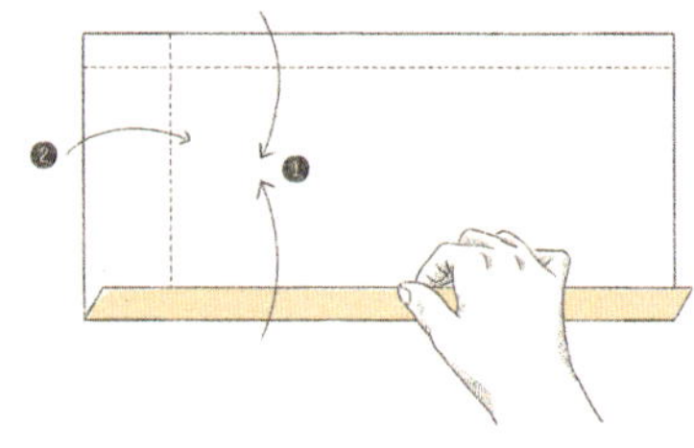

4. 책에 씌우기

책의 표지를 접힌 종이의 측면 날개 안에 끼워
넣습니다. 책을 너무 강하게 젖히지 않도록 주의하세요.
책등(스파인)이 손상될 수 있습니다.

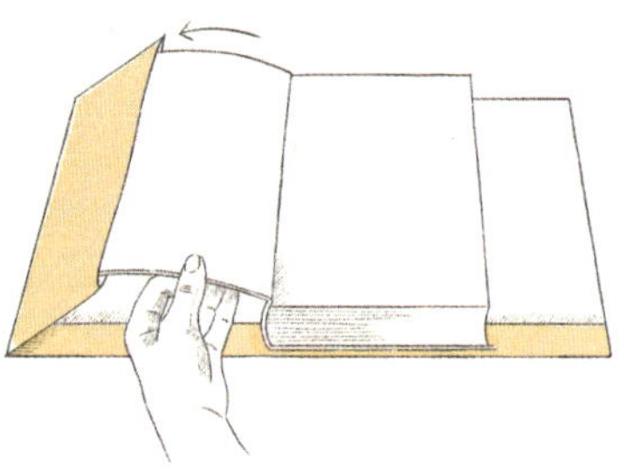

5. 확인하기

책이 커버 안에서 잘 맞고 움직이지 않는지 확인 후, 책을
닫은 상태에서 반대쪽 날개를 접을 위치를 표시합니다.

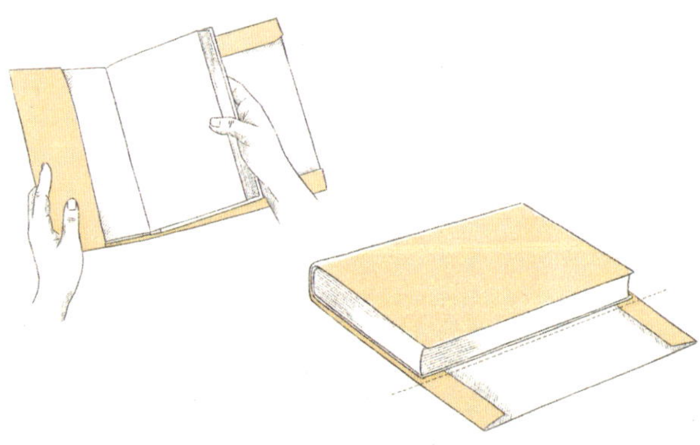

6. 완성!

앞표지와 같은 방법으로 뒤표지도 안쪽에 끼워
넣습니다.

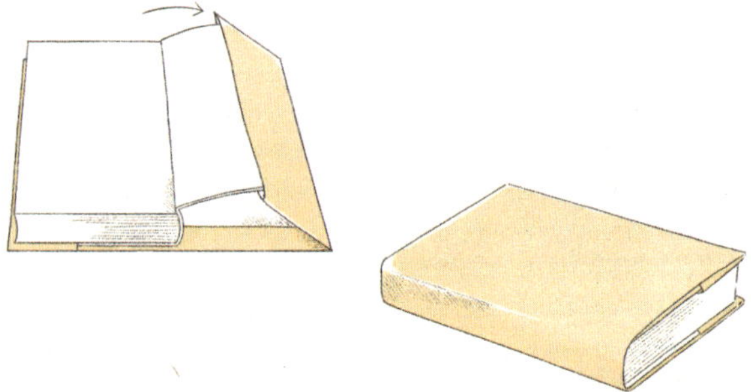

사탕봉투 만들기

1. 종이 준비하기

종이를 15센티미터 x 20센티미터 크기로 자릅니다.

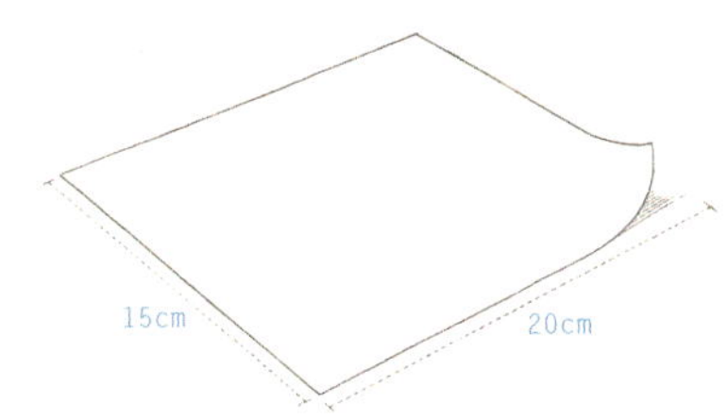

2. 원통 모양 만들기

종이를 가로 방향(가로로 눕혀서)으로 놓아주세요. 한쪽 가장자리에 양면테이프를 붙인 후, 반대쪽을 감싸 붙여 원통 모양을 만듭니다.

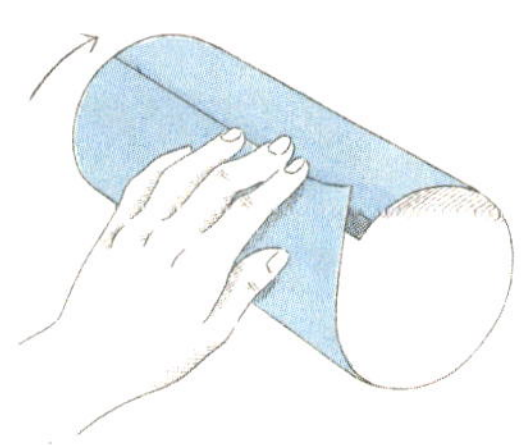

3. 한쪽 끝 접기

원통 한쪽 끝에 양면테이프를 붙이고 평평하게 눌러 접습니다. 이 부분이 봉투의 한쪽 바닥이 됩니다.

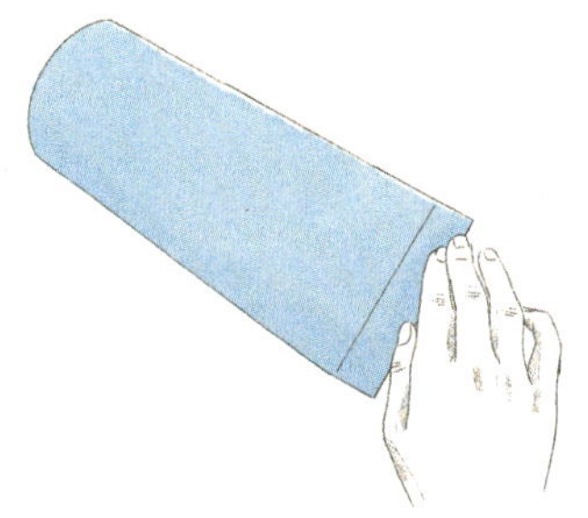

4. 선물 넣기

원하는 물건(사탕, 작은 선물 등)을 넣습니다.

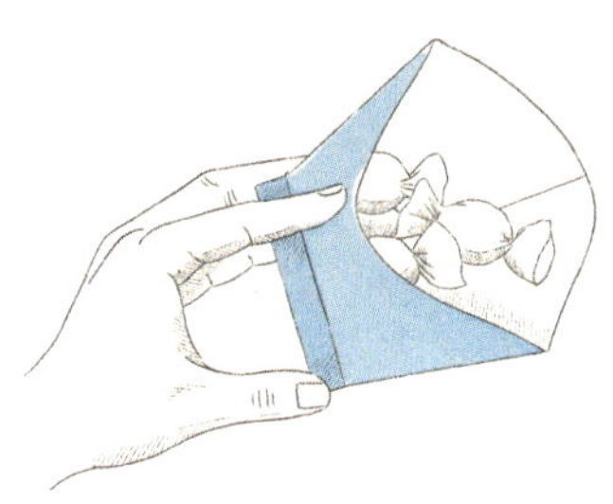

5. 반대쪽 끝 접기

반대쪽 끝을 반대 방향으로 눌러 접고, 양면테이프로 마무리합니다. 사탕 모양 포장 완성!

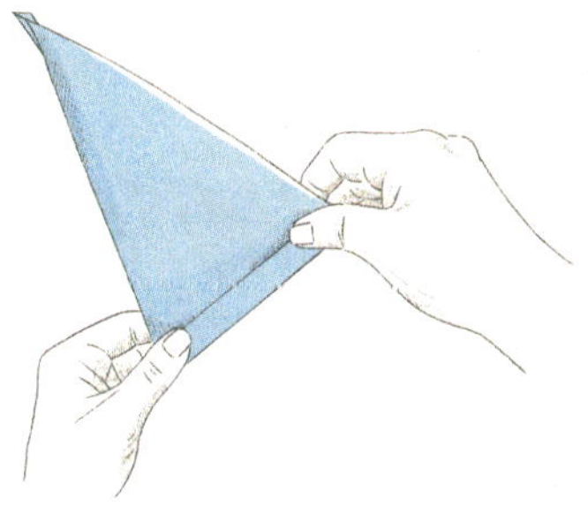

6. 완성!

리본, 스티커, 태그 등으로 꾸며서 예쁘게 완성하세요.

케이크가 남긴 잔상

《생일 축하합니다》

촛불처럼 꼿꼿이 선 숫자, 111은 이 책에 생일 사진을 수록한
사람들의 수다. 이 사적인 기록들은 단순히 오래된 기억이 아닌,
시대의 풍경을 알려주는 단서가 되었다. 케이크의 모양과 생일상
위에 오른 과자, 주인공의 옷차림이 담긴 사진에는 1970-90년대
생활사가 고스란히 담겨 있으니까. 똑같은 노래가 울리는 그날의
필름을 넘겨보며 저자 최지웅의 이야기를 듣는다.

에디터 차의진　자료 제공 최지웅

Q. 왜 생일 사진을 모았나요?

"누구에게나 생일은 삶의 한편에 자리한 따뜻한 기억이라고 생각해요. 특히 생일날 찍은
사진 속에는 사랑받고 축하받는 그 순간의 환한 마음이 고스란히 담겨 있어요. 그래서 비록
내 사진이 아니더라도, 누군가의 생일 사진을 바라보면 그 기쁨과 온기가 전해져 함께
미소 짓게 되는, 작은 마법 같은 힘이 있어요."

최지웅 | 1976년생

유치원에 다니던 7살 생일날 누나와 함께 찍은 사진입니다. 학교에 가지 않는 공휴일에
태어나서 생일은 항상 집에서 보냈는데 생일 당일 학교에서 선물 받고 축하받는 애들이 좀
부럽기도 했었어요. 참 철없죠? 프랜차이즈 제과점이 없던 1980년대 초반, 각 지역의
동네 빵집에서 사용하던 기성품 빨간 스트라이프 케이크 상자가 지금 봐도 참 예쁘네요.

Q. 사진집에서 꼭 살펴볼 부분은요?

"출생 연도순으로 사진을 편집했어요. 그 이유는, 세월의 흐름에 따라 자연스럽게
변해가는 집 안의 풍경과 상차림, 의상, 케이크 디자인의 변화를 한눈에 느낄 수 있도록
하고 싶었기 때문이에요. 사진들을 차례로 넘기다 보면 한 사람의 생일 사진 보는 걸
넘어, 마치 한국의 생활사 한 페이지를 들춰보는 듯한 감정이 들죠. 특히 인상 깊었던
것은 1970-80년대 한국의 단독주택에서 자주 보이던 장판 무늬, 벽지 패턴, 가구 색감
같은 것들이었어요. 그 시절에는 너무나 흔해서 그다지 눈여겨보지 않던 것들이 지금은
거의 사라져버린 풍경이 되었지요. 그런데 개인의 오래된 사진 속에서는 그런 흔적들이
여전히 생생하게 남아 있어 마치 시간이 잠시 멈춘 듯한 묘한 향수와 따뜻한 감정을
불러일으켰어요."

김다희 | 1983년생

1989년 흥신유치원. 한여름 생일자들을 모아서 성대하게 해주었던 생일 파티. 양옆에
앉은 친구들을 두고 생일 단상까지 가운데로 걸어가야 해서 조금은 긴장했던 기억이
납니다. 예쁜 버터크림 케이크가 여러 개 있었고 선생님들과 친구들 모두 진심으로
축하해 줘서 무척 축하받는다고 느꼈던 기뻤던 날이에요.

Q. 방대한 사진들을 어떻게 모았나요?

"저는 특정한 이야기가 담긴 사진과 거기에 얽힌 사연을 모아 책으로 엮는 작업을 꾸준히
이어오고 있어서, 이번 사진을 수집하는 일도 그리 어렵지는 않았어요. 보통 인스타그램을
통해 참여자를 모집하고, 관심 있는 분들은 사진을 보내달라고 안내하곤 해요. 처음엔 과연
누가 자신의 소중한 기록을 보내줄까 걱정했지만, '아주 사적인 기억들이 모여 하나의
역사가 된다'는 책의 취지에 많은 분들이 공감해 주셨고, 그 덕분에 오래된 앨범을 꺼내
소중한 사진들을 기꺼이 보내주셨죠."

김민지 | 1993년생

3살 생일에 옆집 친구들과 저희 오빠와 생일 파티를 하는데 초를 오빠가 다 불어버려서
우는 사진이에요. 초는 최소한 세 번은 불어야 하는 거 아시죠? 히히. 당황하는 우리
오빠의 얼굴~ 결국 다시 초 꽂고 한 컷 더 찍어 주셨대요. 그리고 제 기억에 생일 케이크는
항상 롤케이크! 요즘엔 잘 안 사 먹게 돼서 추억의 롤케이크가 되었어요.

<u>Q. 이 사진을 가장 인상적이라고 꼽은 이유는요?</u>

"가장 한국적인 생일 사진이라고 생각해요. 1980년대 유치원에서는 이런 생일상을 자주
차려줬어요. 한복을 입고 종이 왕관을 쓴 아이 앞에는 전통적인 떡과 함께 서양 과일인
파인애플까지 한 상에 올라 있어, 시대와 문화를 아우르는 독특한 풍경을 보여주죠. 특히
인상적인 건, 사진 속 주인공의 에피소드였어요. 1년에 한 번 먹을까 말까 한 케이크를
손꼽아 기다렸는데, 막상 생일상에는 케이크 대신 오예스가 산처럼 쌓여 있었다고 하네요.
너무 속상해서 화가 잔뜩 났던 그날의 감정이 사진 속 표정에서도 느껴질 정도였지요.
그런 순수하고 솔직한 어린이의 모습이 담겨 있어서 이 사진을 보고 있으면 저절로
미소가 지어집니다. 이런 장면이야말로 우리가 함께 기억하는 따뜻한 시절의 한 조각이
아닐까요?"

황미옥 | 1981년생

1987년 4월, 유치원에서 찍어준 저의 일곱 번째 생일 파티 사진입니다. 케이크를
아무 때나 먹는 게 쉽지 않던 시절이어서 이날을 얼마나 기다렸는데…. 눈앞에 탑처럼
쌓인 오예스를 보고 너무나 실망했던 기억이 나요. 이제 아무것도 기대할 것이 없다는
얼굴입니다. 그리운 기린반 친구들아 그날 분위기 망쳐서 미안했어.

Book—《생일 축하합니다》 최지웅 | 프로파간다 시네마 그래픽스

그 시절, 달콤한 조각의 얼굴

버리지 못한 선물

**쓰임은 다한 지 오래지만 모종의 이유로
버리지 못하고 곁에 남아 있는 물건에 대하여.**

에디터 황진아

<u>서랍 속 나의 스물</u>

아빠가 생일 선물로 준 Canon EOS 750D

세탁기, 냉장고, 드라이기 그리고 카메라. '선물'이라는
말과는 조금 멀어 보이는 이 물건들은 제가 생일마다
받은 아빠의 선물입니다. 저에게 선물, 특히 생일 선물은
사용 설명서보다는 반듯한 포장지와 리본이 어울리는
것이라고 생각했는데 어쩌다 보니 아빠가 준 딱딱한
선물로 머리를 말리고, 빨래하고, 요리하며 일상을
보내고 있네요.

제가 대학교를 졸업하고 독립한 해, 생일에 카메라를
선물로 받았어요. 그래서 이십 대 초반부터 서른 살이
되기까지 이 카메라와 많은 일상을 보내곤 했지요.
지금은 초점도 맞지 않고 크고 무거운 탓에 서랍장에
넣어 두었지만 그 안에는 스물의 서툶과 서른의 여유가
담겨 있어요. 사진을 찍는다는 건 나의 시선을 기록해
두는 일이라, 사진을 펼쳐보면 '시선 여행'을 할 수
있는데요. 지금은 볼 수 없는 나의 시선을 구경하는 일은
꽤나 재밌답니다.

저희 집에는 사진 앨범이 여럿 있어요. 그 속에는 우리
네 가족의 모습과 그때만의 아빠의 시선이 담겨 있죠.
그 앨범을 보고 자란 저는 달마다 앨범을 정리하고,
해마다 사진으로 달력을 만들고 있습니다. "너는
누구를 닮았어?"라는 질문에 줄곧 엄마라고 답한 게
무색할 정도로 저는 참 아빠를 닮았어요. 그러고 보니
이 카메라로 많은 사람들을 찍었는데 아빠의 하루를
찍은 적은 없는 것 같네요.

— 공간 디자이너 김윤서

나를 계속 쓰게 하는

전 애인이 선물해 준 그림

런던 여행 중이던 전 애인이 이 그림을 발견하곤 제
생각이 났다며 사다 주었어요. "계속 글을 쓰면 좋겠어."
선물과 함께 건넨 그 사람의 한마디가 얼마나 큰 힘이
되었는지 몰라요. 살면서 처음 들어본 말이었거든요.
그림은 집에서 가장 잘 보이는 곳에 두었습니다.
그만두는 게 낫지 않을까 싶은 글을 쓴 날에도 어김없이
그림과 눈이 마주쳤어요. 그러면 마음을 조금은 다잡을
수 있었죠. '그래, 이런 날도 있는 거지. 계속 쓸 건데 뭐.
누군가 그걸 바라는걸.'
그 사람과 헤어진 뒤 많은 걸 정리했지만, 그림만은
제자리에 남겨 두었습니다. 버릴 자신이 없었어요.
연필에서 자라난 나무를, 나무에서 피어난 작은
동물들을 내칠 수 없었어요. 아니, 실은 계속 쓰면
좋겠다는 그 귀한 응원을 저버리고 싶지 않았습니다.
살면서 마지막으로 들을 말일지도 모르니까요.
그만두는 게 낫지 않을까 싶은 글은 헤어진 뒤에도
숱하게 썼습니다. 그럼에도 기어코 쓰고야 마는 건
어김없이 저와 눈을 맞추는, 늘 같은 자리에서 저를
응원해 주는 그림 덕일지도 모릅니다. 사람은 떠났지만
선물은 남았습니다. 계속 쓰고 싶은 저는 영영 이 선물을
곁에 둘 것 같습니다.

— 《Achim》 에디터 남도연

녹아버린 캔디

엄마가 기념품으로 사 온 캔디 케이스

제 오른팔에는 작은 해치백 타투가 있습니다. 특별히
차를 좋아해서 새긴 건 아니고 그냥 도안이 마음에
들어서 한 건데 어머니께서는 그게 인상 깊으셨는지
독일 베를린에 가셨다가 자동차를 아주 시리즈로 사다
주셨어요. 자동차 미니어처, 자동차 태엽 장난감…
그중 케이스에 자동차가 그려진 민트 캔디는 가방
앞주머니에 꼭 넣고 다녔죠. 다만 그때 전 두 가지
사실을 간과했어요.
하나는 시기가 한여름이란 사실, 다른 하나는 민트
캔디를 주머니에 넣어 뒀다는 사실 자체를 깜빡해
버린 거예요. 그렇게 캔디는 뙤약볕에 다 녹아 엉망이
되어버렸고 저는 여름이 끝나갈 무렵에야 발견했습니다.
사탕을 제대로 먹지도 못했는데 왠지 죄책감이 들어서
차마 버리진 못하겠더라고요. 그래서 그대로 못 본 척
겨울까지 가방에 방치하고 얼리기로 했습니다. 마침내
겨울이 되고 케이스를 열었을 때, 캔디는 성공적으로(?)
얼어 있었습니다. 어떤 건 두 알이 하나가 됐지만
괜찮았어요. 겨울이라 그런지 더 시원하더라고요.
다 먹고 난 케이스는 수년이 지난 지금까지 서랍 속에
보관 중입니다. 무언가를 담아둔 것도 아니고 빈 깡통
그대로의 민트 캔디 케이스. 가끔은 이런 사소한 물건에
더 마음이 담긴 듯해서 버리기가 어렵네요.

— 프리랜스 영상 작가 유동하

손에 잡히지 않아 더 귀한

음악이 담긴 외장하드

지금도 낭만을 좋아합니다. 하지만 한때는 체할 줄도
모르고 낭만을 과식하던 시절이 있었어요. 어른들이
나이가 들면 소화제를 달고 산다던데, 이제는 오래
즐기기 위해 낭만을 조금씩 아껴 먹습니다. 예전처럼
삼시 세끼 먹지 않고요. 손에 쥘 수 있는 물건을
선물하는 일도 낭만이지만, 보이지도, 잡히지도 않는
것을 건넨다면, 그 선물은 단번에 한도를 초과한
낭만이라 생각해요.
이십 대 초반, 내가 쓴 글에 어울리는 멜로디를 붙이고
싶어 무작정 음악을 배우던 시절이 있었어요. 그때
만난 승재 형은 음악은 기술이 아니라 태도라고 말하던
사람이었죠. 어느 날 형은 여느 때처럼 차분한 목소리로
말했어요. "남는 외장 하드 있으면 가져와, 줄 게 있어."
형은 외장 하드를 연결해서 장르와 시대, 무드별로
정리된 폴더를 고봉밥 퍼주듯 한가득 복사해 주었어요.
음악 파일들은 컴퓨터의 작동음 사이로 하나씩
옮겨졌죠. 그 안에는 음악뿐 아니라 그가 살아온 리듬과
화성 그리고 멜로디가 고스란히 녹아 있었어요.
그때 받은 음악들은 여전히 제 안에서 살아 움직입니다.
그 경험 덕분에 알게 됐어요. 창작이란 세상을 복사하는
일이 아니라, 나 자신을 다시 그리는 일이라는 것을요.
그래서 지금도 누군가에게 무형의 것을 선물하고
싶습니다. 음악처럼, 낭만처럼, 오래 마음속에 남는
어떤 감정이나 태도를요.

— 서대문구점 운영자 김태진

꽃다운 시절의 증거

20대에 만난 연인이 만들어준 압화 카드

마른 풀꽃들이 붙은 이 카드는 20대의 일부를 함께
보냈던 옛 연인이 만들어준 거예요. 길고 짧은 연애를
마칠 때마다 전 연인의 흔적을 말끔히 지워왔지만,
이건 차마 그러지 못했습니다. 나중에 할머니가
됐을 때를 위해서요.
어김없이 찾아온 내 생의 n번째 봄, 저는 나무에 맺힌
꽃망울을 보며 '어휴, 지겨워.' 하고 구시렁거리겠죠.
하지만 마음 한구석이 찌르르 해동되는 걸 느낄 거예요.
집으로 돌아와 옷장 깊숙한 곳에서 상자 하나를 꺼내볼
겁니다. 그 안에는 어머니가 대학 입학 기념으로 사준
지갑, 긴 여행에서 사 온 고래 조각상, 친구들과 찍은
네 컷 사진들이 들어 있고, 맨 아래엔 이 카드가 깔려
있을 거예요.
모서리가 닳은 종이를 열어보면 마른 세 잎 클로버와
벚꽃잎, 소나무 끝자락 등이 세월을 견디고 남아
있겠지요. 색은 바랬지만 하나도 떨어지지 않은 채로요.
어찌나 풀을 꼼꼼히 칠했는지 거의 코팅지를 덮은 듯
표면이 반들거리거든요. 이름도 얼굴도 가물가물한
그 청년을 떠올리며, 오랜만에 한 번 쓰다듬어보겠죠.
나에게도 꽃다운 시절이 있었다는 사실이 떠오를
거예요. 앞으로의 연인들이 싫어할지 몰라도, 이 카드는
제 청춘의 증거로 가지고 있으려 합니다.

— 캔들라이트웍스 운영자 박근영

너무 우렁차 희미해지지 않는

친구 승희가 선물해 준 오리 피리

가끔 꺼내어 보는 선물이 있어요. 대학 시절, 친한
친구에게 받은 피리입니다. 어느 날 그는 박보나의
책《이름 없는 것도 부른다면》에 담긴 이야기를
들려줬어요. 멸종 위기에 처한 새의 소리를 담아내는
예술가에 대한 이야기였죠. 궁금해져 그의 작업을
찾아보다 우연히 새소리가 나는 피리를 발견했어요.
소식을 공유하며 이 피리를 불면 어떤 기분일까
궁금하다는 얘기를 했죠.
그로부터 얼마 지났을까, 저의 스물 몇 번째 생일날.
그에게 오리 피리를 선물 받았어요. 오리가 그려진
스티커가 붙은 작은 나무 상자에 들어 있고요. 흔들면
피리가 부딪히며 달그락거리는 기분 좋은 소리가 나요.
피리 생김새는 평범하지만, 힘주어 불면 모두를 놀라게
할 만큼 우렁찬 오리 소리가 납니다.
제가 다니던 대학에는 아주 큰 호수가 있고 오리가
삽니다. 그래서 이 오리 피리가 더 특별하게 느껴졌어요.
우리가 만난 곳과 이야기 나눈 책과 우정을 몽땅
엮어주는 것만 같았죠. 호수 앞 벤치에 나란히 앉아
오리와 합동 연주하겠다며 꽥꽥 피리를 불던 어느
오후를 기억합니다. 종종 선반에서 꺼내 불면 신나게
웃고 떠들던 그때로 돌아가는 기분이 들어요.

— 어라운드 브랜드 프로젝트 매니저 오은정

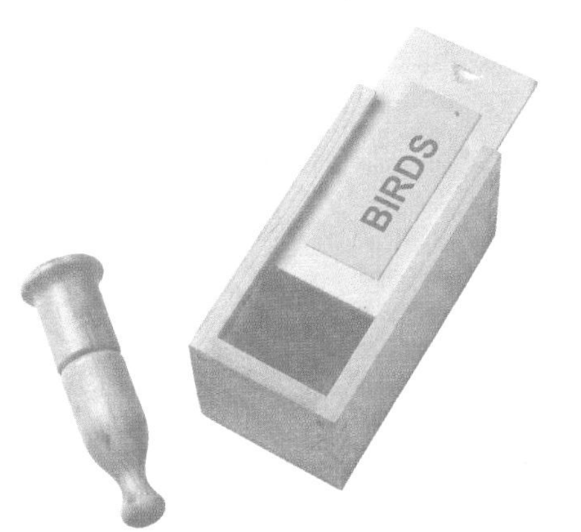

마지막 메시지

돌아가신 엄마의 마지막 생일 축하 메시지

무려 14년이 된 고물 핸드폰이에요. 당시 고등학생이던
제 첫 스마트폰입니다. 평소 물건을 잘 버리는 편이지만,
이 핸드폰만큼은 버릴 수가 없어요. 고3 때 세상을
떠나신 엄마에게 받은 마지막 문자 메시지가 담겨 있기
때문인데요. 엄마가 세상과 작별하기 두 달 전,
제 생일에 보내주신 메시지예요. "엄마가 병원에 있어서
미안해. 생일 축하해 아들." 별것 아닌 그 문자를 받던
어린 저는 수업 시간에 친구들 몰래 눈물을 삼켜야
했어요. 제법 겨울에 가까워진 11월의 교실, 건조한
공기와 손에 쥔 핸드폰의 진동이 아직도 생생해요.
학교가 끝나고 병원으로 달려가던 길의 노을, 딱딱한
병원 침대 위 엄마의 마른 손, 바람 소리처럼 작은
엄마의 목소리, 그리고 다시 집으로 돌아오던 육교 위의
하늘까지도요.
이제는 핸드폰이 배터리 수명을 다해 작동되지 않아요.
아무리 충전해도 다시는 돌아오지 않는 엄마의 메시지.
우리의 마지막 대화는 오래된 핸드폰 안에만 존재하게
되었어요. 그래도 괜찮아요. 이 아프고도 소중한
기억들을 잊지 않기 위해 저는 음악 안에 조금씩
이 이야기들을 담아 두었습니다. 엄마의 마지막
메시지는 제 음악 안에 영원히 남아 있어요.

— 뮤지션 한석규

서울숲역 근처, 낮은 아파트 상가를 따라 올라가면 '키오스크키오스크KioskKiosk'가 있다.
신문이나 과자를 파는 간이 매대를 뜻하는 '키오스크'라는 이름처럼, 이곳은 늘 변화하고
움직인다. 선물 가게, 아름다운 작업을 선보이는 작가들을 소개하는 공간, 1인 스튜디오이자
흥미로운 기획으로 외부 행사에서 이름을 알려가는 브랜드까지 이곳의 이름과 기능은
다양하다. 유연하게 확장되는 걸음을 따라, 키오스크키오스크의 빨간 대문을 두드린다.

움직이는 상점의 걸음

민진아—키오스크키오스크

에디터 차의진 포토그래퍼 정해인

**상점 위치가 독특해서 찾아오기 재밌었어요.
키오스크키오스크는 아파트 상가 2층 복도 끝에 있고,
1층엔 젤라또 가게가 있네요.**
맞아요. 2층에 올라오자마자 보이는 세탁소가 정겹죠?
일본에 가면 아무것도 없을 것 같은 건물에 특이한 가게가
숨어 있곤 하잖아요. 그런 느낌도 나는 장소예요.

**기존에는 서울숲과 가까운 골목에 있다가 이곳 서울숲역
근처로 자리를 옮겼다고 알아요. 건너편에 에스엠 사옥이
보이네요(웃음).**
작년 여름 이사했으니 여기 온 지 1년이 좀 넘은 건데요.
월세 부담에서 벗어나 마음 편히 있을 만한 공간을 찾다가
여길 발견했어요. 저는 여러 프로젝트를 시도하고 싶은데,
걸림돌이 될 정도로 고정비가 부담이 되었거든요. 여긴
기존 상점 위치와 그리 멀지도 않고 찾아오는 길도 재미
요소가 될 수 있는 곳이에요.

**몇 해 전 지인이 이곳에서 산 노트를 선물로 줬어요.
그 노트 알차게 잘 썼는데, 진아 씨와 이야기 나누게
되었네요.**
반갑습니다. 이렇게 인연이 닿다니. 역시 두 다리 건너면
서로 다 안다는 말이 맞아요(웃음).

**키오스크키오스크는 1인 디자인 스튜디오이자 다양한
작가들의 작업물을 큐레이션 하는 상점이죠. 그 시작이
궁금해요.**
키오스크키오스크는 전시공간 '피크닉piknic'에 입점하며
운영을 시작했어요. 오픈하던 당시 출판사에 다니면서
독립 출판물을 만들어 페어에 나가는 걸 일종의 취미처럼
즐겼는데, 그 무렵 독립 서점은 많아졌지만 독립 상점은
드물다고 느끼고 있었어요. 전시공간 피크닉이 생긴다는
이야기를 듣고 제가 먼저 독립 상점 형식의 콘텐츠가
입점하는 것이 어떻겠냐고 적극적으로 제안드렸죠. 전시
공간에는 문화예술에 관심 있는 분들이 많이 오실 테니
미술과 디자인에 대한 접근을 재미있는 굿즈 상점으로
소개하고 싶었어요. 감사하게도 피크닉에서 그 제안을
받아들여 주셔서 그곳에서 키오스크키오스크를 약 2년간
운영하게 되었죠. 사업을 해야겠다는 생각보다는
디자이너로서 활동의 일환으로 시작했어요.

**전시 공간 안의 상점이라니 당시 이야기를 좀 더 듣고
싶어요.**
'사람들이 과연 이곳을 많이 찾아줄까?'라는 우려 속에서
공간을 열었어요. 하지만 걱정이 무색하게 피크닉은
방문객이 하루 만 명에 이를 정도로 많은 관심을 받았어요.

오픈 첫 번째 주말이 끝나니까 물건이 거의 다 팔려서,
당장에 돌아오는 주를 어떻게 준비할지 당황했던 기억이
나네요. 이후로는 피크닉에서 공간 맥락에 좀 더 부합하는
숍을 따로 운영하게 되면서 키오스크키오스크가 서울숲
근처로 옮기게 되었죠.

이쯤에서 상점 이름의 뜻을 들려주실래요?
'키오스크'는 길거리의 작은 매대, 즉 유동적이고 가벼운
상업 공간을 뜻해요. 처음부터 사업이라기보다 하나의
활동으로 상점을 시작했기에 언젠가 사라질 수도 있겠다는
생각을 하면서도, 꾸준히 변화하는 공간이 되길 바랐어요.
그런 의미로 '키오스크'라는 이름을 빌렸죠. 피크닉에
입점하기 전엔 아트북 페어에서 '펜슬 키오스크'라는
이름으로 연필 관련 콘텐츠를 판매했는데, 그때 여러
키오스크가 모인 키오스크를 만들고 싶다는 생각을
했어요. 그렇게 해서 지금의 이름이 탄생했죠.

**이곳에서 판매하는 물건들은 "로컬 작가의 작업과 상품
사이 어딘가"라고 소개한 적이 있어요. 어떤 의미인가요?**
저희 상점은 '어쩌다 만들어진 것'을 판매하는 공간이라고
생각해요. 입점된 제품들은 대량 유통을 위한 상품처럼
1,000개 단위로 찍어내는 게 아니라, 많아야 100개
정도만 생산돼요. 그래서 이곳은 어쩌면 비효율적인
생산과 유통이 공존하는 장소이기도 하죠. 손님들과는

판매라는 방식으로 소통하지만, 결국 이곳의 모든 작업은
'팔기 위해서'보다는 '만들고 싶어서' 탄생한 결과물이라는
점에서 의미가 있어요. 이런 생각을 짧게 정리해 보니,
저희 상점은 '작업과 상품 사이 어딘가'에 놓여 있다고
소개할 수 있겠더라고요.

**SNS 콘텐츠로 물건들의 뒷이야기를 소개하고 있죠.
손님들은 이곳에서 단순히 예쁜 물건이 아니라 작가의
노력과 의미가 담긴 물건을 안아갈 수 있을 듯해요.**
아무리 작업의 성격이 강한 물건이라 해도 판매를 위해
이곳에 들어왔으니까, 구매자가 쉽게 접근할 수 있도록
이야기를 전달하는 게 키포인트예요. 실제로 손님들이
"이게 뭐예요?"라고 많이들 물으세요. 그래서 사용법이나
소장했을 때의 가치를 설명해 드리죠. 여기 입점한
작가님들은 판매에 익숙하지 않은 분들도 많아서 판매
포인트를 집어드리는 게 저희 역할이에요.

**상점과 오래 연을 이어오고 있는 작가님은 어떤 분들이
있나요?**
초기부터 함께한 버드핏Bird Pit 작가, 에이플라이APLY가
있어요. 아티스트 프루프와도 인연이 깊은데 개인 상점은
저희만 입점되어 있다고 해요. 모빌을 만드는 오시영
작가님, 브라이트룸 같은 세라믹 브랜드도 함께하고
있어요. 다양한 작가들과 유대감을 갖고 협업 상품도
만들고 팝업도 진행해 왔죠.

어떤 기준으로 물건을 큐레이션 하는지도 궁금해요.
먼저 재밌어야 하고, 다음으로 '감각'이 성립되어 있어야
하죠. 감각이라고 하면 모호하게 느끼실 것 같은데요.
예를 들어 자투리 재료를 활용한 의미 있는 작업을 만드는
브랜드는 정말 많지만, 시각적으로도 즐거워야 해요.
즉 미술 감각이 어느 정도 축적되어 있어야 하죠. 문구도
마찬가지예요. 기본적으로 사용성이 좋아야 하지만 각인이
예쁘다든지 시각적인 감각이 좀더 특출난 것들 위주로
선택하게 돼요.

**저는 이런 편집 상점에 가면 늘 궁금해요. '어떻게
이 귀하고 아름다운 물건들을 모두 찾았을까….' 하고요.**
저희는 리서치를 꽤 많이 하는 편이에요. 초창기에는 다른
준비보다 키오스크키오스크에 어울리는 파트너를 찾는 데
집중했어요. 거의 석 달 동안요. 대부분 처음 연락드리는
작가님들이라 긴장도 되고, 거절이 두렵기도 했죠. 지금은
거절을 받아도 '그럴 수도 있지.' 하고 넘기지만, 그땐
정말 간절했어요. 시간이 지나면서 오래된 파트너들이
생기고 먼저 판매를 제안해 주시는 분들도 늘어났어요.

또 오프라인 행사에서 인연이 닿거나, 저희와 결이 비슷한
공간에서 어떤 분들과 협업하는지 살펴보기도 해요.
상점 파트너들이 관심 있는 주제를 따라가며 탐색할 때도
있고요. 간단히 말하면… 일종의 '파도타기' 같아요(웃음).

**이번 호 주제가 '선물'인데, 진아 씨는 무언가를 고르는
행위와 아주 밀접한 생활을 하고 있어요. 선택이라는 말,
어떻게 받아들이나요?**
제목은 기억나지 않지만, 어떤 영화에서 한 소년이
좋아하는 소녀에게 줄 선물을 고민하는 장면이 있었어요.
그때 선생님이 '사람들은 예상치 못한 선물을 받을 때 가장
기뻐한다.'고 말해요. 그래서 소년은 소녀가 좋아하는
한정판 책을 깜짝 선물로 줬고, 소녀는 행복해했어요.
저에게 고른다는 건 바로 그런 일이에요. 누군가를 위해,
그 사람이 예상하지 못한 감각을 찾아내는 일 말이에요.

**손님에게 뜻밖의 재미나 새로운 느낌을 주는 물건을
고른다는 이야기일까요?**
맞아요. 손님들이 가게에 오시면 "와, 이게 뭐야?" 같은
말을 정말 자주 하세요. 사실 저도 작가님들의 새로운
작업을 받아볼 때 똑같은 기분이 들어요. 예를 들어
이수키 작가님은 같은 모양의 펜던트에 매번 다른 그림을
그리시는데, 상자를 열기 전엔 이번엔 어떤 그림이 들어
있을지 알 수 없거든요. 그래서 포장을 풀 때 크리스마스
선물을 여는 것 같아요. 예상치 못한 작업을 마주하는
순간은 언제나 즐겁고 설레요.

**상점에서는 진아 씨의 손에서 탄생한 작업들도 판매하고
있어요. 컵, 북커버 같은 상품들이죠.**
직접 디자인한 기하학적인 그래픽과, 암스테르담에서
활동하는 서체 디자인 스튜디오 오렌지 슬라이스
타입Orange Slice Type에서 만들어준 키오스크키오스크
고유 서체를 사용해 굿즈를 만들어 왔어요. 매년 선보이는
제품은 달력이네요. 저희는 시각적인 언어가 강조되는
브랜드니까 이런 굿즈가 브랜딩의 도구가 되는 것 같아요.
외부에서 디자인 작업을 맡겨주시기도 하는데 역시 상품
제작을 주로 하고 있죠.

**평소 다양한 제품을 경험하실 텐데, 자체 굿즈는 어떤
차별점을 두려고 하세요?**
만드는 사람마다 고유한 '손맛'이 있잖아요. 그래서
저는 억지로 차별점을 두기보다, 내 손맛이 자연스럽게
드러나는 지점을 고민하게 돼요. 이곳에 입점한
작가님들도 마찬가지일 거예요. 예를 들어 그림 그리는
분들은 '어디에 인쇄해야 내 그림이 더 재미있게

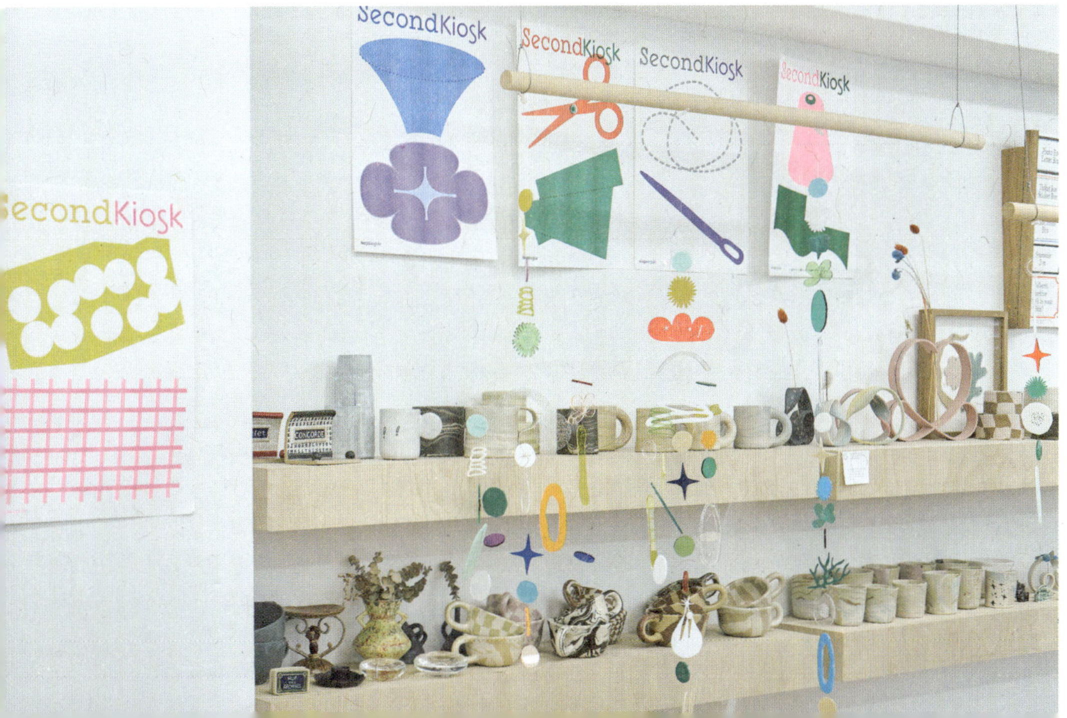
SecondKiosk
SecondKiosk
SecondKiosk
SecondKiosk
SecondKiosk
SecondKiosk

KioSKkiosK
+
Studio
Living Select Shop

#201 (2nd Floor)

This Way

GREETING DOLL
GREETING DOLL

느껴질까.'를 고민할 테고, 수작업을 하는 분들은 '어떤 기법으로, 어떤 형태를 만들까.'를 끊임없이 생각하시겠죠.

디자이너의 손맛이라… 처음 듣는 신선한 표현이에요.
아, 그런가요(웃음)? 손맛이라는 게 있어요. 저도 그래픽 디자인을 할 때 레퍼런스를 참고해 일부 요소를 따라 해봐도 결과물은 레퍼런스와 많이 달라요. 나만의 시각적 언어 구조가 존재해서일 거예요.

판매, 제작과 더불어 키오스크키오스크의 주요한 활동은 오프라인 행사와 기획전 참여죠.
기획 중심의 활동을 꾸준히 이어가는 게 중요하다고 생각해요. 이곳에 입점한 분들께 늘 감사한 마음으로 상점을 운영하고 있는데요. 입점처에만 의지하지 않고, 북페어 같은 다양한 행사에 참여하면서 키오스크키오스크를 알리려 노력하고 있어요. 이런 시도들이 새로운 판매나 다른 형태의 활동으로 이어지기도 하니까요. 또 정부 사업처럼 저희가 하는 일에 외부 지원이 더해지면 앞으로 나아갈 수 있는 좋은 동력이 되더라고요. 다양한 활동의 기회를 꾸준히 찾고, 입점 파트너들과 함께 연대할 방법을 고민하는 것이 저희의 중요한 방향이에요.

그런 활동 중 하나가 지난 10월 종료된 '세컨드 키오스크Second Kiosk' 기획전이겠네요.
세컨드 키오스크는 한국공예·디자인문화진흥원에서 공예 문화 육성을 위해 진행한 사업으로, 공예 유통사들의 활동을 지원하는 프로그램이었어요. 저는 작년부터 수선과 업사이클링에 관심이 생겨서 이 주제로 기획전을 열고 싶었는데, 마침 두성종이에서 반품되거나 오염된 종이가 재고로 쌓여 있다는 이야기를 들었어요. 그래서 작가 스물다섯 팀과 함께 이런 '자투리 재료'를 활용한 제품을 선보이는 기획전을 구상하게 되었죠. 처음엔 두성종이 사례처럼 쓰임을 잃은 재료를 발굴하면 좋겠다고 생각했지만, 기획 과정에서 만난 수공예 작가님들 역시 쓰지 못한 재료나 샘플을 소중히 보관하고 계시더라고요. 그분들에겐 재료를 선택하는 과정 역시 작업의 일부였으니, 남겨진 재료에 애착이 생길 수밖에 없던 거예요. 판매가 되지 않아 남겨진 작업들도 있었고요. 그렇게 '자투리'에서 출발한 이 기획은 결국 '남겨진 것에서 시작하는 또 하나의 상점'이라는 슬로건으로 진행되었어요.

작가 스물다섯 팀은 세 가지 카테고리로 나뉘었어요. 각각 소개해 주실래요?
'아티산 페이퍼Artisan Paper'는 두성종이와 협업해 남겨진

종이를 활용했어요. '크래프트 하우스Craft House'는 남겨진 재료와 작업을 소장한 공예 분야 작가님들을 모았고요. '비저블 픽싱Visible Fixing'은 니팅이나 바느질로 수선 예술을 하는 분들을 초대했죠. 협업으로 탄생한 제품들을 온·오프라인에서 판매하고, 제작 비하인드를 인터뷰 콘텐츠로 발행했어요. 상품이 어떻게 만들어지는지 직접 체험할 수 있는 워크숍도 진행했고요. 기획전은 종료되었지만 제품은 온라인에서 12월까지, 오프라인에서는 꾸준히 만나보실 수 있답니다.

프로젝트가 구체화되고 새롭게 확장되는 과정이 흥미로워요.
자투리에서 시작했다가 점점 재미있는 서사를 발견하고, 이야기도 확장되었어요. 그렇게 일도 확장되고 말았죠(웃음). 처음엔 작가 열 팀만 함께하려 했는데, 준비하다 보니 스물다섯 팀이 되어서 규모가 큰 기획전이 되었네요. 평소 하고 싶던 것들을 마음에 담고 있다가 이 기회에 펼쳐 보이게 됐죠.

규모가 정말 큰 프로젝트라 어려움도 있었을 텐데요.
인스타그램 광고처럼 처음 해보는 일들이 어려웠어요. 처음 하는 일은 시간도 오래 걸리고 어렵기 마련인데 내가 부족해서라는 죄책감이 들었죠. 세심하게 챙기지 못한 부분들이 자꾸 생각났고, 자기 전에 보내야 할 메일이 눈앞에 떠다니는 것 같았어요(웃음). 다음엔 더 잘할 수 있겠죠? 내년에 기회가 되면 세컨드 키오스크 시즌 2를 해보고 싶어요. 그럴 수 있으면… 너무 좋겠네요.

기대하고 있을게요. 키오스크키오스크는 선물을 위해 찾기 좋은 곳이잖아요. 손님의 기념일을 더 특별하게 만든 적도 있을까요?
직접 제게 그런 경험을 이야기하신 분은 없었고, SNS에 선물 받았다며 손님들이 리뷰를 남겨주실 때 반가워요. 말씀처럼 선물 사러 많이들 오세요. 동료 선물 사려고 근처 회사에서 오는 분들이 제일 많고, 친구 생일 파티 가기 전에 들르는 분들도 있네요. 어떤 분들은 "엄마께 선물하려는데 뭐가 좋을까요?"라고 물어보세요. 그럼 저는 "가격대는 얼마 정도로, 어머니 취향은요?"라고 묻죠.

선물 가게에서 만날 수 있는 따스한 풍경이네요.
선물 가게만의 역할이 있다고 생각해요. 일상적이지만 특별하고, 내 것으로 갖기엔 아까워 잠시 망설여지지만 누군가에게 주기엔 딱 좋은. 그런 물건을 만날 수 있는 곳이 바로 선물 가게예요.

**문득 개인적인 선물을 건넬 때 어떤 점을 고민하는지
궁금해요.**
흠 그러게요. 뭐랄까… "이런 거 줄 줄은 몰랐지!" 그런
거(웃음)? 당사자가 예상치 못한 걸 주는 편이에요. 작은 걸
옹기종기 모으는 것도 좋아하고요. 큰 선물 하나를 줬을 때
받는 사람이 마음에 들지 않아 하면 나도 그 친구도 서운할
테니까요. 그래서 작고 재미있는 것들을 여러 개 모아요.
예를 들어 여행 선물을 사 오더라도 이 도시에서 산 키링,
저 도시에서 산 볼펜 등을 하나의 꾸러미처럼 구성해서
선물로 줘요. 편집 상점을 하다 보니까 최적의 조합을 찾는
걸 좋아하게 되었나 봐요.

**마지막으로 새해를 맞이하는 나에게 응원의 선물을
건넨다면요?**
첫째는 달력 그리고 상자! 제가 상자를 좋아해요. 수납과
정리에도 유용하지만 추억의 물건이나 엽서를 넣을 수도
있잖아요. 그런 상자가 누구에게나 필요하다고 생각해요.
내년을 위한 상자 하나쯤 가지고 있으면 좋겠네요.
마지막으로는 새로운 필기구를 장만해도 좋을 거예요.

오늘의 대화를 곱씹으며, 내게 닿은 물건들의 출처와
그들이 지나온 길을 헤아렸다. 소중한 이가 선물로
건넸던 작은 노트에는, 뜻밖의 물건으로 기쁨을 전하려는
누군가의 시선, 그리고 작업을 진심으로 대하는 창작자의
마음이 고스란히 담겨 있었구나. 내가 받은 것은 단순한
선물이 아니라 여러 겹의 마음이 포개어진 진심이었다.
가벼이 여길 수 없는 의미가 켜켜이 쌓인 그 물성 위에,
이번엔 나 역시 누군가를 향한 마음 한 장을 얹어보겠다고
되뇌어본다.

PRINTEMPS
2026

Interview Collections

동네를 지키는 작은 선물 가게

형형색색 예쁜 양말을 서랍장 가득 들이기는 했으나 정작 '걷는 감각'에는 무심했던 내가 처음으로 양말 신은 감촉을 고민하기 시작했다. 자신이 원하는 리듬으로 걸음을 이끄는 힘이 양말에서 비롯된다는 오수희 대표의 믿음. 그 믿음에 자연스레 스며든 나는, 이제 누군가에게 꼭 맞는 양말을 선물할 때 "당신의 하루에 가장 가깝게 관심을 두고 싶다."는 마음을 담게 될 것 같다.

하루를 짓는 가장 가까운 선물

오수희—더블실린더 삭스샵

에디터 황진아
포토그래퍼 박은비

오늘 빨간 양말을 신으셨네요. 색감이 정말 예뻐요.
다 해지고 구멍도 났는데, 여전히 신고 다닐 만큼 아끼는
양말이에요. 캐시미어로 만든 제품이라 가격은 9만 원대로
꽤 높은 편이죠. 캐시미어가 본래 비싼 소재이기도 하지만,
그만큼 신었을 때 느낌이 달라요. 구름을 가볍게 얹고 있는
것 같은 느낌이 든달까요.

어머, 구름을 얹은 느낌이요?
네, 정말요! 제가 신은 이 양말은 '니시구치
쿠츠시타Nishiguchi Kutsushita'라는 일본의 양말 브랜드
제품인데요. 예전에도 다양한 양말을 신어봤지만,
이 양말을 처음 신었을 때 '발에 닿는 감촉이 이렇게
다를 수 있구나.' 하는 생각이 들었어요. 신을 때마다 기분
좋아지는 소재의 양말이에요. 가격대가 부담스럽긴 하지만
모두가 한 번쯤은 나를 위해 신어봤으면 할 정도로요.

**대표님의 서랍장은 어떤 양말들로 채워져 있을지
궁금해지는데요.**
많은 분들이 제가 양말 가게를 운영하니까 양말을 꽤 많이
가지고 있을 거라고 생각하시는데요(웃음). 저는 의외로
미니멀리스트에 가까운 사람이에요. 필요하지 않은 건
굳이 모아두진 않아요. 그래서 제가 좋아하는 질감의
양말들만 몇 가지 소장하고 있어요. 여름에는 리넨 소재
양말 몇 켤레, 겨울에는 울 소재 양말 몇 켤레, 그리고
부드러운 고급 면사로 된 코튼 양말과 도톰해서 통기성이
좋은 양말 정도예요. 그래서 제 양말 서랍장이 엄청
화려하거나 다양하지는 않아요. 대신 한 번 신으면 꽤 오래
신죠. 제 라이프스타일에 맞춰서 '오늘 착장에는 이 정도면
되겠다.', '오늘은 많이 걸을 것 같으니까 바닥에 쿠션이
도톰하게 들어간 양말을 신어야겠다.' 하는 식으로 기준을
두고 몇 가지만 갖춰두는 편이에요.

**그렇게 '나만의 양말 고르는 기준'이 생긴 시점은
언제였어요?**
10년 전쯤에 친구가 일본 여행을 다녀오면서 양말
하나를 선물해 줬어요. 그땐 제가 특별히 양말에 관심이
있거나 민감하게 생각하던 편은 아니었는데 신어보니
정말 좋더라고요. 그래서 꽤 오래 신었죠. 그 당시에는
제가 30대 초반이라 발이 불편하다는 걸 크게 느끼지
못했는데 시간이 지나고 양말에 따라 피로감이 다르다는
걸 크게 느낀 적이 있어요. 제가 손님들에게도 자주 말하는
에피소드인데요. 코로나 때 집에서 재택근무를 하면서
늘 양말을 신고 있었어요. 그런데 밖에 나가지도 않았는데
발이 피곤하다고 느껴지는 거예요. 평소엔 신발이
문제라고만 생각했는데, 그때 처음으로 원인이 양말이라는

걸 알았어요. 그동안 좋은 신발을 신어도 발이 피곤했던
이유가 양말 때문이었구나 싶었죠. 이전에 친구가 선물로
준 양말의 기억이 자연스럽게 떠올랐고, 그 뒤로 좋은
소재를 찾기 시작했어요. 그러면서 저도 일본에서 양말을
직구해 신어봤고요.

직구해 신었던 양말은 어떻게 다르던가요?
일본 제품들은 소재와 짜임이 정말 다양했어요. 사이즈
구분도 세밀하고요. 우리는 보통 사계절 내내 면 양말로
버티잖아요. 우리가 그동안 양말을 너무 가성비로만
생각해 왔다는 걸 깨달았어요. 그러면서 구조나 소재, 짜임
같은 걸 하나씩 체감하며 익혀갔죠. 여러 양말을 신다 보니
저한테 가장 편안한 건 '더블실린더'라는 기계로
짠 양말이더라고요. 왜 그런가 생각해 보니 '립 조직'
이라는 세로 골지 짜임으로 되어 있어서 신축성이
뛰어났어요. 발을 부드럽게 감싸주면서도 가볍게
늘어나니까 훨씬 편했고요.

**양말 만드는 기계는 크게 더블실린더와 싱글실린더로
나뉜다고 알고 있어요. 둘은 어떤 차이가 있나요?**
두 방식은 양말의 구조와 짜임에서 차이가 생겨요.
더블실린더로 만든 양말은 글씨나 그림 같은 디자인
표현은 어렵지만, 골조직과 편직 방식이 다양해 착용감이
훨씬 편안하다는 특징이 있어요. 신축성과 밀착감이

O. 수~월요일 11:00-19:00, 화요일 휴무

A. 서울 서대문구 연희로11나길 5 지하 1층

좋아서 발에 자연스럽게 감기죠. 그만큼 만드는 사람의 이해도와 감각이 중요해요. 반면 싱글실린더는 다양한 그림이나 문양, 글씨 등을 표현할 수 있는 장점이 있지만 편직 방식에는 한계가 있어요. 두 방식을 구분하는 간단한 방법도 있어요. 양말 상단이 접혀 있다면 싱글실린더, 접힘 없이 마감되어 있다면 더블실린더로 만든 양말이에요. 한국에는 '갑종'이라 불리는 더블실린더 기계가 먼저 도입되었는데요. 예전에는 이 방식으로 양말을 많이 만들었지만 생산 효율이 낮고 공정에 시간이 오래 걸려서 점차 컴퓨터화된 싱글실린더 방식이 주를 이루게 되었죠. 그래서 지금은 대부분 '을종'이라 불리는 싱글실린더 방식 위주로 많이 생산되다 보니까 더블실린더 기계를 취급하는 업체를 찾기가 쉽지 않아요.

그 계기로 더블실린더 양말을 모은 가게를 열게 된 거예요?

처음부터 양말 가게를 운영하려던 건 아니었어요. 코로나가 조금 잠잠해졌을 무렵, 회사를 그만두고 사업을 해야겠다는 생각을 했죠. 사실 어떤 형태로든 비즈니스를 해보겠다는 마음으로 퇴사를 결정했어요. 그때는 스타트업 앱 서비스가 한창 붐이던 시기라 저도 그 물결 속에서 식물 관련 앱을 만들어봤고요.

식물 앱이요?

네(웃음). 코로나 시기엔 모두가 식집사가 되었잖아요. 그런데 초보 식집사들의 고민은 늘 비슷했어요. 식물이 자꾸 죽고, 분갈이는 어떻게 해야 할지 모르겠고. 그래서 식물 키우는 사람과 전문가를 연결하는 서비스를 구상했죠. 분갈이를 전문가에게 의뢰할 수 있으면 재밌지 않을까, 그런 아이디어였어요. 정부 지원 사업에도 선정돼 실제로 개발까지 했지만 막상 완성하고 보니 제가 하고 싶은 말이 없더라고요. 식물을 좋아하긴 하지만, 누군가에게 가치로 전할 만큼의 애정은 아니라는 걸 깨달았어요. 결국 제 가치관과는 상관없이 트렌드를 좇은 프로젝트였던 거예요. 잠시 쉬면서 '내가 진짜 하고 싶은 일은 뭘까.'를 고민했죠. 그러다 보니 제 일상에서 늘 불편했던 게 발과 관련된 문제더라고요. 답답해서 양말을 벗고 싶어진다든가, 작은 자극에도 피로감을 느낀다든가 하는 불편함이요. 저만 그런 게 아닐 거라 생각했어요. 그래서 발과 관련된 브랜드를 만들기로 했죠. 처음엔 '발을 씻자'라는 제품처럼 발 세정제를 떠올렸어요. 외출하고 돌아와서 그걸로 발을 씻으면 개운하고 편하잖아요. 그런데 쓰다 보면 거품이 잘 안 나오는 거예요. 그래서 제품을 거꾸로 뒤집어도 거품이 잘 분사되는 풋 샴푸를 직접 제작했어요. 그다음엔 메인 제품인 양말을 만들어야겠다고 생각해서 공장들을 직접 찾아다니기 시작했어요.

아, 원래는 직접 양말을 생산하려 하셨군요? 과정이 쉽지 않았겠는데요.

네, 양말을 직접 만들어보겠다는 생각에 공장도 찾아다니고 아카데미도 수강했어요. 하지만 한국에서는 제가 구상한 양말을 구현할 수 있는 곳이 많지 않았고, 과정에서 시행착오도 많았죠. 그 일을 겪으면서 세상에는 이미 완성도 높은 제품이 많은데 굳이 제가 새롭게 만들 필요는 없겠다는 생각이 들더라고요. 그것보다는 좋은 양말을 선별해 소개하고 그 가치를 전하는 사람이 되는 것도 괜찮을 것 같았어요. 방향을 바꾸기로 하고 작년 4월, 지금의 더블실린더 삭스샵을 열었고요.

대표님이 생각하는 '좋은 양말'은 어떤 거예요?

양말을 신는 목적은 사람마다 다르지만, 제게 가장 중요한 건 발이 편안해야 한다는 거예요. 그 편안함의 기준은 결국 좋은 소재에서 시작되는데요. 저는 천연 소재 함유량이 높은 양말을 고르려 해요. 여름엔 리넨이나 헴프처럼 질감이 거칠고 통기성이 좋은 마 소재가 시원하고 상쾌하죠. 겨울엔 울이나 알파카, 캐시미어처럼 털에 공기층이 있는 소재가 보온은 되면서도 답답하지 않게

감싸줘요. 계절에 맞는 천연 소재 양말을 신으면 발이
훨씬 편안해요. 그리고 짜임도 중요한데요. 일반적으로
시중에 판매되는 양말은 오밀조밀하고 얇게 짜여 있는데,
발에 열이 많거나 답답함을 쉽게 느끼는 사람에게는
이런 짜임이 열을 막아 오히려 불편하게 느껴져요.
신축성이 충분한 짜임의 양말을 신으면 훨씬 덜 답답해요.
한국에서는 얇은 양말을 선호하는 편이지만, 실제로
도톰한 양말일수록 통기성이 더 좋아요. 제가 직접 양말을
보여드리면서 설명해도 괜찮을까요?

네, 너무 좋죠!
(몇 가지 양말을 직접 가져온 뒤) 아까 설명해 드린 것처럼
싱글실린더로 제작한 양말은 이렇게 윗단에 고무가
짱짱하게 들어가고 바디에 조직감이 없어요. 양말에서
조직이라는 건 이런 신축성을 말하는 건데, 얘는 조직감이
부족해서 신축성이 떨어져요. 재밌는 게 많은 사람들이
양말을 볼 때 만져보고 짱짱하냐를 많이 따지거든요.
그런데 고무가 짱짱하면 혈액 순환을 방해하고 양말 몸체
부분에 조직감이 없으니까 답답해요. 게다가 세탁을 몇
번 거치면 고무가 늘어나서 흘러내리고, 결국 못 신는
양말이 되기도 하죠. 반면 짜임이 있는 더블실린더 양말은
조직이 발목을 가볍게 잡아줘서 압박감이 별로 없어요.

양말 몸체에서 잡아주기 때문에 쉽게 풀리거나 늘어나지도
않고요. 그래서 이런 양말을 신으면 훨씬 편안함이
느껴지는 거예요.

**저는 대표님과 양말 취향이 비슷할 것 같은데요(웃음).
사람마다 선호하는 발의 느낌이 모두 다르겠죠?**
그럼요. 저희 가게에 싱글실린더 제품이 아예 없는 건
아니에요. 너무 두꺼운 양말은 안 맞는 분도 계시고요.
그래서 "사장님, 여기서 가장 좋은 양말이 뭐예요?"라고
손님들이 종종 물어보시곤 하는데 사실 그런 건 없어요.
사람마다 발이 다르고, 선호하는 감각도 다르니까요.
게다가 라이프스타일이나 그날 걷는 정도에 따라서도
좋은 양말은 달라지죠. 저희 매장에는 발을 씻고 직접
양말을 신어볼 수 있는 공간이 있는데요. 구비된 양말을
하나씩 신어보면 사람마다 제일 좋다고 느끼는 게 모두
다르다는 걸 알 수 있어요. 결국 하나의 '좋은 양말'이라는
건 없는 거죠.

**결국 양말을 고르는 일은 나에 대해 더 자세히 알아가는
과정이네요. 평소 잘 신경 쓰지 않던 발의 모양과 감각,
취향에 집중하면서요.**
맞아요. 걷는 순간 사람은 어쩔 수 없이 발바닥으로 지면을

느끼게 되잖아요. 그 감각의 중심엔 양말의 촉감이 있을
수밖에 없어요. 그게 불편하면 몸도 쉽게 피로해지고요.
그래서 내가 어떤 감각을 좋아하는지 알고 난 뒤에 내 발에
맞는 양말을 고르는 것만으로도 하루가 훨씬 편하고 기분
좋아질 수 있어요. 그렇게 나에게 맞는 감각을 찾아가는
과정이 곧 나를 이해하는 방법 중 하나가 아닐까 싶어요.

선물을 목적으로 구매하시는 분도 많나요?
네, 선물용으로도 많이 구매하세요. 그러면 받으실 분의
연령대나 취향, 예산 등을 여쭤보고 몇 가지를 제안해
드려요. 예전에 한 남성분께서 제가 추천한 양말을
선물했는데 본인이 여태까지 '센스 있다'는 말을
한 번도 들어본 적이 없다가 처음으로 그 말을 들으셨다고
하더라고요. 그 말씀 듣고 기분이 좋으셔서 몇 번 더
구매하시기도 했고, 저도 덩달아 기뻤던 적이 있어요.

**대표님께서 양말에 진심이라는 손님들 후기가 많았는데
정말이었어요(웃음). 오늘 나눈 대화 덕분에 앞으로
제가 신을 양말 소재에 대해 깊게 고민해 볼 것 같아요.
앞으로의 계획도 있을까요?**
제가 말이 너무 많았던 건 아닌지 걱정이에요(웃음).
가게를 운영하면서 처음 생각한 것은 '좋은 소재의 양말을
즐기는 사람의 수를 많이 늘리자.'였거든요. 일차적으로는
양말의 가치에 대한 인식을 조금씩 확산시키는 것, 그게
된다면 한국 양말 생산 시스템이나 문화도 조금 바뀔 수

있지 않을까 싶어요. 결국 시장은 소비자가 만들어가는
거니까요. 지금 한국 양말 시장은 저가 중심으로 돌아가서
퀄리티도 그 수준에 맞춘 제품이 대부분이에요. 그런데
양말을 중요하게 생각하고 여기에 더 투자할 의향이 있는
사람들이 늘어나면, 그런 브랜드도 생기고 생산 과정에서
연구 개발도 활발해지겠죠. 이런 문화적 변화가 생기는
것이 제 큰 비전이에요. 아, 그리고 이번 달 말에는 새로운
공간으로 이전할 계획이 있어요.

어디로 이사하세요?
지금 이 가게에서 5분 정도 거리에 있는 곳이에요. 현재
공간은 처음 열었을 때만 해도 물건들이 깔끔하게 정리될
수 있었는데, 손님들 요구가 다양해지면서 하나씩 새로운
양말을 들이다 보니 이제는 감당이 안 될 정도로 가짓수가
많아졌어요. 그래서 조금 더 넓은 곳으로 옮기기로
했어요. 새 공간에서는 양말을 정갈하게 전시하고, 정보를
효율적으로 확인하실 수 있도록 설계할 계획이에요.
지금은 손님이 오면 제가 하나씩 설명해 드리는데, 사람이
몰리면 모든 정보를 충분히 전달하기 어려울 때가 있어요.
최대한 많은 분들이 양말의 가치를 제대로 경험하도록
안내 방식을 고민하고 있어요.

**새로운 공간에도 꼭 가볼게요. 그땐 발도 씻고 양말도
직접 신어보고요(웃음).**
네, 좋습니다(웃음)!

더블실린더 삭스샵의 추천 선물

Souki, Horn | 3만 2천 원

"겨울철 항상 추천하는 울 양말이에요. 울이 90퍼센트 이상 함유되어 있어 도톰하지만 답답하거나 덥지 않고, 포근하면서 발이 숨 쉬는 듯한 감각을 느낄 수 있어요."

Nishiguchi Kutsushita, Cotton Cashemere Walk Socks | 2만 6천 원

"워크삭스라는 이름처럼 발등과 발목은 얇고, 발바닥에는 캐시미어가 들어 있어 쿠션감을 느낄 수 있어요. 발에 땀이 나도 뽀송하고, 내딛을 때 감촉이 정말 좋으니 오래 걷거나 서서 일하는 분께 선물해 보세요."

French Bull, Hippo Room Cover | 4만 6천 원

"울 60퍼센트, 코튼 40퍼센트의 수면 양말입니다. 시중의 수면 양말은 합성섬유로 제작된 게 많아 땀이 식으면서 오히려 발이 차가워질 수 있는데, 이 제품은 보일러를 덜 틀어도 따뜻할 정도로 보온성이 좋아요."

오랜 세월을 지나 여러 사람의 손을 거쳐, 지금 이 자리에서 나만이 발견할 수 있었던 단 하나의 물건. 그 한순간의 우연이 우리가 빈티지 제품에 마음을 빼앗기는 이유가 아닐까. 도로변 좁은 계단을 통과해 '빅슬립'의 작은 문을 열고 들어서면 형형색색 조명이 자아내는 빛 덕분에 해가 환한 낮인데도 꿈꾸는 것 같은 황홀한 기분이 든다. 한 사람의 진심 어린 취향이 켜켜이 쌓인 가게. 이곳에서는 단 하나의 우연이 만들어낸 순간을 선물처럼 마주할 수 있다.

손길과 시간으로 비로소 완성된

김민정—빅슬립

에디터 황진아
포토그래퍼 강현욱

빅슬립에 오면 구경하느라 시간 가는 줄 모르겠어요. 이 많은 물건은 언제부터 모으기 시작했어요?
언제부터라고 딱 말하긴 어렵지만, 어릴 때부터 물건 모으는 걸 좋아했어요. 가족들과 살 때 여동생이랑 같은 방을 썼는데, 책상 서랍도 나눠 썼거든요. 그때 제가 좋아하는 연필이나 지우개, 연필깎이 같은 걸 서랍에 넣어두고 열어서 보는 걸 즐기던 기억이 나요. 방을 나눠 쓰다 보니 이쪽은 내 공간, 저쪽은 동생 공간이었는데 그 작은 공간 안에서도 좋아하는 걸 책꽂이에 꽂아두거나 벽에 붙여두곤 했어요. 그런 취향은 커서도 이어져 회사의 제 자리 주변엔 잡지나 여기저기서 사 온 물건들이 늘 쌓여 있었어요. 그래서 동료들이 "물건이 너무 많아서 회사 그만두기 어렵겠다."는 농담도 자주 했죠. 그렇게 모은 오브제들은 업무에도 자주 활용했고요.

이런 오브제를 사용하는 일이라면….
아, 제가 예전에 음반 회사에 다녔거든요. 뮤지션 프로필이나 음반 재킷 사진을 찍을 때 소품이 필요하면 제가 모아둔 물건을 자주 썼어요. 아니면 "이거 쓰면 좋을 것 같아요." 하며 직접 챙겨 가기도 했고요.

그렇게 물건들을 소장하다가 빅슬립을 열게 된 계기는 뭐예요?
물건을 모으다 보니 어느 순간 제 방을 넘어서기 시작했어요. 나중에는 신발장, 싱크대 상부장, 베란다까지 물건이 놓이게 되더라고요. 어머니는 농담처럼 "민정이는 여기 있는 물건 하나 없어져도 모를걸?" 하시기도 했죠. 저는 원래 오브제들을 한곳에 놓고 바라보고 싶었어요. 또 어렵게 구한 물건들이 구석에 숨어 있는 게 미안하기도 했고요. 그래서 작업실을 얻어야겠다는 생각에, 처음엔 창고 개념으로 공간을 열었죠. 첫 공간은 지금보다 당연히 크지 않았고, 물건을 적재하듯 테트리스처럼 쌓아두는 식이었어요. 그런데 물건이 계속 들어오기만 하고 나가질 않잖아요. 당시 친구들과 "이걸 어떻게든 순환시켜야 하지 않을까?" 하는 이야기를 나누기도 했죠. 그러던 중 마침 지인을 통해 리빙페어에 참여할 기회가 생겨 그때 처음으로 본격적인 판매를 시작하게 됐어요. 결국 '내가 수집을 멈출 수 없다면, 순환하는 구조를 만들어야겠다.'는 마음으로 빅슬립을 열게 된 거예요.

'빅슬립'이라는 이름은 '빅Big'과 '슬립Sleep'을 우연히 조합해서 만들었다고 하셨죠.
아마 20대 초반, 아니면 그보다 더 어릴 때부터였던 것 같아요. 막연하게 '나만의 무언가를 하고 싶다.'는 생각을 늘 했거든요. 그래서 어떤 이름을 쓰면 좋을까 고민했고,

불현듯 떠오르는 단어나 문장을 노트나 휴대폰 메모장에 자주 적어두곤 했어요. 그러다 어느 날, 따로따로 적어둔 단어들이 하나의 문장처럼 읽히는 걸 보고 '빅Big'과 '슬립Sleep'을 나란히 붙여봤어요. 두 단어 다 너무 쉬운 말인데 함께 붙였을 때 생기는 묘한 여백이 마음에 들었어요. 누구나 읽을 수 있는 쉬운 스펠링이라는 점도 좋았고요. 뜻을 찾아보니 '죽음'이라는 의미도 있더라고요. 귀엽고 쉬운 단어인데 안에 반전 같은 뜻이 숨어 있는 게 마음에 들어서 그 이름을 쓰게 됐어요. 이건 나중에 알게 됐는데, 레이먼드 챈들러의 추리소설 중에 《빅 슬립The Big Sleep》이라는 작품이 있더라고요. 그게 예전에 흑백영화로도 만들어졌는데요. 총을 든 형사와 금발의 여인이 등장하는 전형적인 무드의 영화예요. 스틸컷이 너무 멋지고 분위기도 마음에 들었어요.

제품 중에는 판매하는 것도 있지만 비매품도 있어요. 기준이 따로 있나요?
기준은 단순해요. '이건 이제 보내줘도 되겠다, 다른 분께 가도 괜찮겠다.' 싶은 건 판매하고, '아직은 옆에 두고 조금 더 익숙해질 때까지 가지고 있고 싶다.' 싶은 건 팔지 않아요. 평생 떠나보내지 못할 것 같은 물건들도 있죠. 예를 들어, 무라노 글라스Murano glass에서 제작된 것으로 추정되는 '에그 램프'가 그래요. 중고나라에서 다른 제품을 검색하다 우연히 발견한 조명이었는데, 직거래로 실물을 보고는 너무 크고 아름다워서 어디서 구한 건지 여쭤봤거든요. 그분의 시어머님께서 80세가 넘으셨는데, 젊은 시절 이탈리아에서 구입하신 조명이라고 하더라고요. 오브제 자체로도 아름답지만, 이렇게 구하게 된 과정과 이야기가 얽혀 있어서 애착이 생기면 아무래도 쉽게 내놓을 수가 없어요.

빈티지 조명이나 오브제가 많지만, 이곳이 꼭 빈티지에만 머무는 건 아니잖아요. 어떤 물건들이 있는지 소개해 주실래요?
기본적으로는 빈티지 제품이 중심이지만, 새 제품도 함께 소개하고 있어요. 활동 중인 작가들의 작품을 입점 형태로 판매하기도 하고, 저와 비슷한 취향으로 물건을 모으는 분의 셀렉션이 마음에 들면 함께 소개하기도 해요. 또 자주는 아니지만 입점 작가와 협업해 직접 제작한 상품을 선보인 적도 있고요.

이곳에 모이는 오브제의 기준은 민정 씨 눈에 예쁜 것들이라고요. 주로 어떤 물건이 마음에 들어오나요?
제가 어떤 물건을 봤을 때 끌리는 기준이 '물음표'더라고요. 그냥 예쁘다기보다 '뭐야, 이거 뭐야?' 하면서 어디서

A. 서울 서대문구 성산로 379 우측 2층

H. Instagram.com/bigsleep_shop

왔는지, 어떻게 이렇게 생겼는지, 이런 기능을 갖추었는지
하며 감탄하게 되는 것들이요. 귀여운 물건이어도
'어떻게 이렇게 귀엽지?' 하는 물음표가 남는 게 있거든요.
저는 그런 오브제에 마음이 가요. 브랜드도 모르겠고
어느 나라에서 만들어졌는지도 모르는, 정형적이지
않은 것들이요.

빈티지 제품에서 그런 매력을 많이 느낄 수 있죠.
맞아요. 빈티지라는 건 오랜 세월 전에 만들어져 수많은
사람의 손을 거쳐온 물건이잖아요. '원앤온리'의 특성도
있고요. 해외에서 온 제품이라면 먼 길을 배와 비행기를
타고, 그 과정에서도 깨지지 않고 온전하게 도착했다는
건 일종의 행운이고요. 빈티지는 '우연'이 많이 작동하는
물건이라고 생각해요. 내가 바로 지금 이 순간,
이 자리에서 발견했기 때문에 가지게 된 물건이니까요.
여행 중에도 그런 순간이 종종 있었어요. 예를 들어
어떤 길이 막혀서 다른 길로 가거나 예약했던 식당이
취소돼서 즉흥적으로 방향을 바꿨을 때 우연히 발견한
물건들처럼요. 만약 그날 그 길로 가지 않았다면 아마
평생 만나지 못했을 거예요. 그런 우연이 겹치고 이어져서
만난다는 점이 빈티지를 더 소중하게 느끼게 하는 것
같아요.

**이번 호 주제가 '선물'이에요. 새 제품이 아닌 누군가가
쓰던 물건을 선물하는 일이 낯설게 느껴지는 분들도 있을
텐데요. 빈티지가 선물로도 충분히 괜찮은 이유는 뭐라고
생각하세요?**
빈티지는 선물로 조금 더 특별한 '한 스푼'을 담을 수
있어요. 방금 말씀드린 것처럼 많은 우연과 행운의 순간이
겹쳐야만 존재할 수 있는 물건이잖아요. 또 선물을 고르러
온 분이 매장에 방문했을 때, 수많은 제품 중 단 하나뿐인
그 물건이 그 자리에 있었고, 그 순간에 발견되었다는 것도
의미가 크다고 생각해요. 게다가 선물할 사람을 떠올리며
고심해 고른다는 점에서 단순히 온라인에서 손쉽게 주문할
수 있는 새 제품과는 다르게 느껴지죠. 빈티지 선물은
정성스러운 시간과 우연 그리고 작은 행운이 겹쳐져
만들어진 결과물이라는 점에서 더 특별한 선물이 된다고
생각해요.

민정 씨가 선물로 받은 제품 중에 기억에 남는 것은요?
제가 워낙 물건을 많이 모으다 보니까 주변에서는
저한테 선물하기가 부담스럽다고들 하세요(웃음). 그런데
받았을 때 '이 사람이 내가 요즘 어떤 걸 좋아하고 어떤
걸 모으는지 알고 있었구나.' 하는 생각이 들어서 정말
소중하게 느껴지는 선물이 있거든요. 제가 특히 좋아하는
것 중 하나가 1980년 모스크바 올림픽 마스코트인 곰돌이
'미샤'예요. 러시아 전통 상징인 불곰을 모델로
한 캐릭터인데, 경기마다 다른 포즈를 취하고 있어서 그게
또 정말 귀여워요. 그런데 어느 날 지인에게 제가 가지고
있지 않던 털로 만든 인형 형태의 미샤를 선물로 받은
적이 있는데 "이거 어디서 구했어요?" 하면서 정말 깜짝
놀랐어요. 세심하게 저의 취향을 관찰했다는 거잖아요.
그런 선물은 오래 기억에 남죠.

(제품을 가리키며) 이 곰돌이군요!
맞아요. 안쪽에 더 많이 있어요.

**대화 끝나면 한번 구경시켜 주세요(웃음). 빅슬립에서는
조명 리페어 숍도 운영하는데, 조명 수리를 시작한 이유가
있나요?**
구매하시는 분들이 가장 많이 망설이는 부분 중 하나가
바로 A/S예요. 저도 그 마음을 너무 잘 이해해요. 빈티지
제품을 살 때는 '혹시 고장 나면 어떡하지.' 하는 불안감이
늘 따라오니까요. 그런데 만약 실제로 문제가 생겼을
때 "그건 빈티지라 어쩔 수 없어요."라고밖에 말할 수
없다면, 책임감 없는 판매라고 생각했어요. 사실 단순한
접촉 불량일 때도 있고, 선을 다시 연결하는 것만으로도
작동이 되는 경우가 많거든요. 몰라서 방치하게 되는 건

VINTAGE
ORIGINAL
GENUINE
COO
BEAU
AN

너무 아쉽잖아요. 그래서 그런 부분을 도와드릴 수 있으면 좋겠다고 생각했어요. 물론 자격증이 있는 전문 수리사는 아니지만, 워낙 빈티지 램프를 많이 다루다 보니 이것저것 시도해 보면서 배우는 편이에요. 실제로 구매하신 분들 중엔 "불만 켜지면 돼요." 하시는 경우도 많아요. 그래서 완벽한 복원이 아니더라도, 손님의 니즈를 충족시킬 만한 선에서 제가 직접 수리를 해드리고 있어요.

물건에 책임을 가지고 대하신다는 게 느껴져요.
저도 국내외를 막론하고 정말 많은 빈티지 숍을 다녀봤어요. 그럴 때마다 느낀 건 '빈티지'라는 이름 뒤에 숨기가 생각보다 쉽다는 거였어요. 예를 들어 클리닝이 전혀 되지 않은 채로 판매된다든가, 제가 직접 테스트했을 때 버튼이 잘 눌리지 않는다고 말씀드리면 "빈티지라 그래요."라는 답이 돌아오는 경우도 있었거든요. 물건의 불편함이나 결함을 '빈티지니까'라는 말로 감추는 느낌이 들었어요. 또 환불이나 반품이 안 된다는 말도 너무 당연하게 쓰이고요. 하지만 저는 그런 방식으로는 하고 싶지 않았어요. 당연히 정해진 기간 안에 환불이나 반품도 가능하고, 저희가 판매하는 제품들은 하나하나 정성껏 클리닝한 뒤에 작동 여부를 확인하거나 고쳐서 고객이

받아보는 순간 바로 사용할 수 있도록 신경 쓰고 있어요.

이곳의 수많은 조명이 만들어내는 분위기나 깊이감이 정말 커요. 사진으로 보는 것보다 더 황홀하달까요.
손님들이 가장 많이 물어보시는 질문 중 하나가 "온라인 숍은 없나요?"예요. 아무래도 지방에 계신 분들은 직접 방문하기 어렵기도 하니까요. 그래서 온라인 판매를 병행하면 좋지 않겠냐는 이야기도 종종 듣지만, 저는 이 공간을 오프라인 중심으로 운영하고 싶어요. 빅슬립은 단순한 가게라기보다 체험형 공간에 더 가깝거든요. 실제로 불이 켜진 모습을 보고, 버튼을 누르면서 손끝의 감각을 느끼고, 여러 전구를 직접 끼워보면서 어울리는 조명을 찾아가는 과정을 중요하게 생각해요. 구매하실 때는 테스트용 전구를 모두 펼쳐두고, 원하시는 분위기에 맞게 조합을 도와드리기도 해요. 조명은 사진으로 볼 때와 눈으로 볼 때가 정말 다르거든요. 저도 해외 셀러에게 주문하다 보면 생각보다 크거나 작아서 놀랄 때가 많아요. 물론 치수를 재고 구매하지만 숫자로는 느껴지지 않는 볼륨감이란 게 있으니까요. 그래서 가능하다면, 이곳의 음악과 빛에 둘러싸인 채 천천히 물건을 둘러보는 경험을 해보시길 추천드려요.

Germany Squared Wall/Stand Mirror
| 2만 9천 원

"활용도가 높은 거울이에요. 거울 다리가 자유롭게
움직여 벽에 걸 수도 있고, 세워둘 수도 있죠. 가볍고
얇아서 가방에 쏙 넣어 들고 다니기에도 용이해 부담 없이
선물하기에 좋아요."

**70s Germany Peill&Putzler Zebra Textured
Frost Glass Dome Head Mushroom Lamp**
| 45만 8천 원

"은은한 유백빛의 무광 유리에 얼룩무늬처럼 결이
들어간 질감이 아름다워요. 개인적으로 버섯 모양 조명을
좋아해서 여러 개 모았는데, 그중에서도 크기나 비율,
질감 모두 균형이 잘 잡힌 조명이에요."

70s Congress Playing Card | 5천 원

"앞면에는 고양이 그림이, 뒷면에는 숫자와 문양이
그려진 트럼프 카드예요. 작은 액자에 넣어두면 귀여운
인테리어 소품이 되고, 스마트폰 케이스 뒤에 끼워 거울
셀카를 찍어도 예쁠 거예요."

'연희동 초콜릿 가게.' 쇼콜라티끄에서 달콤한 선물을 살 때마다 나는 상자에 적힌 소박한 문구에 시선이 머문다. 이름만큼이나 수수하고 담백한 이 가게는 작은 상자 안에 동그란 초콜릿을 정성스럽게 채워 넣는다. 기쁜 날을 기억하려는 사람들, 소중한 이에게 마음을 전하고 싶은 이들을 따뜻하게 맞이하며. 입안에서 천천히 녹아드는 쌉싸름한 달콤함이, 오래도록 여운처럼 남는다.

알알이 녹는 행복

이태희—쇼콜라티끄

에디터 **차의진**
포토그래퍼 **김혜정**

**늘 손님으로 이곳을 방문했는데, 반갑습니다.
쇼콜라티끄 소개부터 들어볼까요?**

이곳은 2017년 9월에 문을 열었어요. 수제 초콜릿과
더불어 초콜릿을 활용한 다양한 디저트, 잼을 선보이죠.
이름은 쇼콜라와 부티끄의 합성어이고, 말 그대로
'초콜릿 가게'라는 뜻이에요. 화려하기보다는 편안한
느낌의 이름을 선택하고 싶었죠. 수제 초콜릿은 일반적인
디저트보다 접근하기 어렵고 고급스러운 기호식품이지만,
저는 정말 동네 골목에 있을 법한 작은 초콜릿 가게를
만들고 싶었거든요. 연희동을 선택한 것도 그런
이유에서였어요.

**대중적이고 장벽이 낮은 초콜릿 가게를 지향하게 된
이유를 좀 더 듣고 싶어요.**

저는 원래 직장인이었는데요. 좋아하는 셰프님의 디저트
가게에서 일하고 싶어서 셰프님한테 직접 메시지를
보냈고, 거기서 8년간 일했어요. 위치가 서초구
서래마을이었는데 부촌 특성상 디저트를 소비하는 고객이
많았죠. 그곳에서 일하며 좀더 대중적인 디저트 가게가
있으면 좋겠다고 막연히 생각했어요. 당시 봉사활동으로
방과 후 학교에 디저트를 전달한 일도 기억에 남네요.
어떤 학생들은 단순히 맛있다고 느끼고 말았겠지만,
누군가의 세상을 넓혀주었다는 생각도 들었거든요.

**시작은 디저트 가게였다고 하셨는데, 어떻게 초콜릿을
전문적으로 다루게 된 거예요?**

제가 일하던 곳은 초콜릿 만드는 방이 디저트 제조
공간과 구별되어 있었어요. 초콜릿은 온도와 습도가
중요하니까요. 가게는 여느 디저트 제조 현장처럼 노동
강도가 높고 시끄럽기도 했는데, 초콜릿 만드는 공간으로
딱 들어가면 평온함이 찾아왔어요. 거긴 저만의 세상,
피난처 같았달까요? 그때 같이 일한 동료들 중에서
결국엔 저만 초콜릿 가게를 창업했는데, 다들 제 선택을
자연스럽게 생각하더라고요. 초콜릿을 좋아하게 된 이유도
솔직히 고백하자면 작업 환경의 평온함 때문이었어요(웃음).

**우리가 만난 지금, 11월은 기념일 준비로 바쁘다고
하셨죠. 요즘 어떻게 지내세요?**

찬바람이 불기 시작하면 몸도 마음도 바빠져요. 11월엔
빼빼로데이와 수능을 준비하지만, 머리로는 크리스마스에
어떤 제품을 선보일지 계속 고민해요. 빼빼로데이에는
초콜릿 네 종류를 구운 과자 사이 샌드해 세트로 판매하고
있어요. 수능엔 평소 제가 선보이는 기본 선물 세트를
준비하되, 특별한 패키징은 생략하고요. 요즘은 받는
학생들이 부담스러울까 봐 '합격' 같은 단어가 쓰인 포장은

선호하지 않는 분들이 많거든요.

듣고 보니 11월에 선물이 오가는 날이 꽤 많네요.

그쵸? 저는 항상 11월이 쓸쓸한 달이라고 생각했어요.
날씨도 춥고. 예전엔 빼빼로데이 문화가 지금처럼
트렌디하지도 않았거든요. 그런데 이제는 그날의 풍경이
조금씩 달라지면서 11월이 더 이상 쓸쓸하게 느껴지지
않아요. 변화된 분위기에 '기념일의 효과가 이런 건가?'
싶었어요.

특별한 선물 세트는 또 언제 준비하세요?

2월엔 가장 중요한 밸런타인데이가 있고, 3월엔
화이트데이가 있죠. 그다음엔 '금귤 초콜릿'을 만드는
시즌이 돌아오고요. 금귤 초콜릿이 인기가 많아서
저한테는 매년 봄이 또 하나의 중요한 시기예요.
다음으로 찾아오는 여름은 비수기라, 쉬면서 하반기에
무얼 준비할지 고민해요. 그러다 가을엔 추석이 있고…
크리스마스와 연말, 설날이 돌아오면 엄청 바빠져요.

**기념일마다 선물이 조금씩 달라지던데, 그때마다
중요하게 생각하는 부분은 뭔가요?**

시기나 받는 분의 특성을 고려하는 편이에요. 주로
여성분들이 선물을 받는 3월의 화이트데이엔 꽃이나
허브를 사용하고, 밸런타인데이에는 초콜릿과 궁합이

A. 서울 서대문구 연희맛로 17-18

O. 화~일요일 11:00-19:00, 월요일 휴무

La Maison
du Café
TROTT

좋은 술을 넣어서 다양한 맛을 만들어요. 크리스마스에는
향신료를 가득 넣은 초콜릿이나 과자를 준비하고요.

**수수한 선물 상자가 가게 분위기와 무척 닮았어요.
'연희동 초콜릿 가게'라는 담백한 문구도 인상적이고요.**
전에는 낱개로만 초콜릿을 판매하다 손님들 요청으로
선물 상자를 만든 건데요. 어두운 밤바다에 별이 떠 있는
어떤 그림을 인상적으로 기억하고 있다가, 그와 비슷한
이미지로 상자를 만들어보고 싶었어요. 그렇게 회색
바탕에 은색 별이 그려진 패키지가 탄생했고요. 문구는
영어로 가게 이름을 적는 것보다는 한글로 '연희동 초콜릿
가게'라고 적힌 게 더 좋아 보였어요. 만약 연희동을 떠나
다른 곳에 터를 잡게 되더라도 같은 문구를 사용하고
싶어요. 그 동네의 초콜릿 가게로 기억될 수 있도록요.

**포장 재료는 친환경 종이와 자연 생분해되는
비닐이라고요.**
맞아요. 제로 웨이스트까지 달성하긴 어렵겠지만, 환경을
위한 작디작은 실천을 하려고 노력해요. 비닐 봉투 대신
장바구니 쓰기처럼 누구나 할 수 있는 일상적인 노력을
제 자리에서 하는 거예요. 어떻게 하면 포장 재료를
최소한으로 쓸지 늘 고민하고 있어요.

**저도 이번에 알았는데, 밸런타인데이에 초콜릿을
선물하는 문화는 150년 전 영국에서 출발했대요. 오랜
세월 동안 사람들이 초콜릿을 즐겨 선물하는 이유가
무얼까요?**
초콜릿은 물론 달콤하기도 하지만, 다른 선물과 함께
전달하기 좋아서가 아닐까요? 커피, 와인, 꽃이랑도 잘
어울리잖아요.

맞아요. 로맨틱한 분위기도 배가 되고요.
학생 때 뉴질랜드에서 잠시 지냈는데 그때가 크리스마스
였거든요. 그날 저를 혼자 집에 둘 수 없으니, 홈스테이
호스트가 남자친구와 그분의 자녀들이 사는 집에 저를
데려갔어요. 낯선 풍경이라 어리둥절하고 있는데,
남자친구분이 준비해 둔 꽃과 초콜릿을 호스트한테
선물하더라고요. 아, 그 모습이 굉장히 인상 깊었어요.
그게 초콜릿에 대한 저의 첫인상이었는데, 결국 여기까지
왔네요.

**멋진 장면이에요. 손님들은 어떤 이유로 선물을 찾곤
하나요?**
저는 보통 선물이 즐거운 일을 축하하기 위해 필요하다고
생각해 왔는데, 위로나 응원을 위해서 선물을 사는 분들이

있었어요. 누군가에게 위로의 말을 건네는 거, 사실
조심스럽고 어려운 일이잖아요. 그런데 그 어려운 일을
하면서 선물까지 준비하는 분들이 놀라웠어요.

또 기억에 남는 손님이 있을까요?
가장 귀여웠던 분 이야기를 하자면, 올해 화이트데이에
초등학교 저학년 정도 되어 보이는 아이가 선물 세트를
사러 아빠랑 가게에 왔어요. 짱구 잠옷에 외투만 걸친
차림이었고, 5만 원짜리 지폐를 들고 있었죠. 저는
아이에게 작은 세트를 추천하면서 5만 원의 절반 정도만을
쓰길 권했는데, 아이가 저희 가게에서 가장 큰 15구짜리
초콜릿 세트를 고르는 거예요. 지켜보던 아빠가 말리니까
아이가 그러더라고요. 열다섯 개를 사야지 엄마가
열다섯 번 행복해진다고.

**마음을 간질이는 표현이에요. 아이는 결국 15구짜리를
샀나요?**
네. 아빠도 아이 말을 듣고 놀라시더라고요. 초콜릿으로
엄마를 열다섯 번 행복하게 해줄 수 있다는 아이 마음이
저는 너무 귀여워서, 선물 세트를 무료로 주고 싶을
정도였어요(웃음).

**문득 대표님은 직접 만든 초콜릿을 주변에 자주
선물하시는지 궁금해요.**
사실은… 선물해 본 적이 없어요.

아, 정말요?
물론 가족한테 초콜릿을 만들어준 적은 있지만, 그걸
선물이라고 표현하긴 어려운 것 같아요. 아, 딱 한 번
있네요. 고등학교 국어 선생님과 아직까지 연락하고
지내는데, 선생님은 제자가 먼 서울에서 가게를 운영하는
걸 대견하게 바라봐 주세요. 선생님이 최근에 정년 퇴임을
하셔서 그때 처음이자 마지막으로 초콜릿을 드렸어요. '저
이렇게 살고 있어요.'라는 의미로요. 평소에 저를 칭찬해
주시는 분이 아닌데, 가족들이랑 잘 먹었다고 말씀해
주셨어요. 그게 가장 선물다운 선물이지 않을까 싶네요.

초콜릿 대신 선물로는 보통 어떤 걸 고르세요?
정직하게 말하자면 커피 쿠폰이 단연 1위예요(웃음).
선물 받을 사람의 취향을 명확하게 알기 어려워서요.
아니면 여행지에서 구매한 기념품이나, 드립백을
선물하기도 하죠.

**만약 쇼콜라티끄의 제품 중 딱 하나를 나한테
선물한다면 어떤 걸 고르시겠어요?**

'단짠 초콜릿'이요. 그게 제일 달콤하거든요. 가게에
오시는 손님들은 대부분 제일 달지 않은 걸 추천해 달라고
하세요. 그래서 '다크 클래식'을 종종 추천 드리는데,
신기하게 제일 많이 팔리는 제품은 알고 보면 가장 달콤한
단짠 초콜릿이에요.

**작은 조각으로 최고의 행복을 얻을 수 있겠네요.
올겨울엔 어떤 맛있는 간식들을 준비하세요?**
보통 크리스마스 시즌에는 쿠키 패키지를 만드는데,
올해도 마찬가지예요. 대신 쿠키에 다양한 향신료를
넣으려고 해요. 로투스 과자로 알려진 '스페퀼로스'도 그중
하나가 될 거고요. 저희 가게는 '마음을 녹이는 핫초코'
메뉴도 판매하는데, 겨울에는 향신료 추가 옵션도 제공할
거예요.

**아담한 초콜릿 가게를 찾을 따스한 연말이 벌써
기다려지네요. 앞으로의 목표가 있다면요?**
예전에 직장 생활할 때, 호호 할머니가 되어서도 즐겁게
할 수 있는 일을 하고 싶었어요. 요즘 말로 '추구미'라고
하던데(웃음), 저는 이미 추구미에 도달한 것 같아요.
호호 할머니 되어서도 즐겁게 할 수 있는 일을 지금 하고
있고, 앞으로도 계속 초콜릿을 만들고 싶어요.

쇼콜라티끄의 추천 선물

초콜릿 세트 | 1만 4천 원

"열다섯 가지 초콜릿 중 원하는 맛을 자유롭게 선택해
구성할 수 있어요. 초콜릿 세트는 4구, 6구, 12구, 15구가
있어요. 작은 선물로는 6구를 추천합니다. 한 가지
맛만으로 상자를 전부 채우는 것도 가능하답니다."

핫초코 키트 세트 | 1만 8천 원

"산지 네 곳의 프리미엄 싱글 오리진 초콜릿을 분쇄해
담고, 마시멜로 토핑을 함께 구성한 세트입니다.
마시멜로에는 눈과 코를 하나하나 초콜릿으로 직접 그려
넣었어요. 몽글몽글한 감성을 담은 선물을 찾는 분들께
특히 반가울 제품입니다."

퐁당 쇼콜라 세트 | 1만 8천 원

"케이크를 스푼으로 가르면 묵직한 다크 초콜릿이 주르륵
흘러나오는 프랑스 정통 디저트예요. 클래식, 산딸기,
바닐라 피칸 세 가지 맛이 한 세트입니다. 따뜻하게
데우거나 차갑게 먹어도 좋습니다."

내 맘대로 기념일

달력에 없어도, 남들이 축하하는 방식과 달라도 기념일은 기념일!

에디터 차의진 글 밤박하, 장세훈, 태재 일러스트 오하이오

온전히
나만의 것

살면서 여덟 번이나 무언가를 실패해 본 적이 있었나? 없었던 것 같다. 그나마
가장 많이 한 실패는 운전면허 시험에 떨어졌을 때였는데, 그건 어느 정도
내 노력과 연습으로 미래의 성공을 가늠할 수 있는 일이었다. 하지만 시험관
시술은 달랐다. 이 미지의 세계에서 '시험관만 시작하면 아기가 덜컥, 그것도
쌍둥이가 생길지 모른다.'는 근거 없는 희망만 매달 착실하게 부서지는 중이다.
그렇게 여덟 번의 실패를 확인하는 건 딱 8일만 슬프다는 뜻이 아니다. 시술
한 주기를 도는 동안 적게는 3일 많게는 6일 정도 병원을 가야 한다. 호르몬
수치를 확인하러 가는 날, 배아 이식을 하러 가는 날, 피 검사 결과를 들으러
가는 날. 의사 선생님이 정해주는 대로 착실하게 병원을 가기만 하면 되는데
매번 새로운 용기가 필요했다. 당연하다. 집 앞 슈퍼나 세탁소를 가는 게
아니니까. 늘 어떠한 '결과'를 마주해야 하고, 그건 내가 미리 알 수 없는
것들이니까. 그렇다고 하면 그렇구나 하고 받아들이는 수밖에 없었으니까.

어떤 날은 그렇게 나쁜 결과를 들은 게 아닌데, 간단한 검사나 검진을 받은
것뿐인데도 기분이 가라앉았다. 그래서 나는 병원에 가는 날 나 자신에게
작은 선물을 하기로 결심했다. 결과가 안 좋을수록, 실망스러울수록 더 좋은
선물을 주기로 했다. 이런 날은 특별히 더 맛있는 빵, 커피가 필요하다. 귀엽고
하찮은 행복이 필요하다. 다행히 병원 1층에는 빵집이 그리고 가까운 곳에는
문구점이 두 곳이나 있었다.
빵을 고를 때는 가격표를 보지 않는 것이 핵심이다. 일단 빵집에선 돈 주고
못 살 정도의 빵은 없으니까. 박력 있게 빵을 입에 물고 문구점으로 향한 뒤
작은 잉크, 스티커, 펜이나 노트 같은 걸 샀다. 남들 눈에는 별로 중요해 보이지
않는 것, 이미 있는 것 같으나 없는 것들을 샀다. 사치나 충동구매가 되지 않게
고심하며 골랐다.
그건 남들에겐 설명하기 어려운 감정, 남들은 모를 만한 작은 우울을
나만이라도 알아주겠다는 의미였다. 그리고 집으로 돌아오는 길 내게 준
작은 선물을 만지작거리며 생각했다.

'오늘은 실패한 날이 아니야. 오늘은 기가 막힌 색깔의 잉크를 산 날이야.'

기적처럼 임신이 되는 날, 아마도 많은 사람들의 선물과 축하를 받을 것이다.
그 전까지 나만 설명할 수 있는 이런 애매한 날들은 나만 기념할 수 있다.
어쩌면 인생에서 정말 필요한 것은 성공이 아니라 실패를 기념하는 일인지도
모른다.

밤박하
어른 9명, 아이 8명. 총 17명의 가족과
셰어하우스에서 살고 있다. 딸 보니는
최고의 뮤즈! 아이를 키우며 독립 출판물
《다시 살아가는 기쁨》을 썼다.

서울 사람들의
서울구경들

막히기도 하고 풀리기도 하는 아침의 강변북로. 여느 날처럼 기사가 되어
와이프의 출근을 도와주는 길이었다. 차에서 나란히 앉아 대화하는 아침의
20-30분은 우리의 오래된 풍습, 그날은 조수석에 앉은 와이프가 평소보다
슬쩍 말했다. "오빠! 혹시 꽃을 준비할 일이 있으면, 앞으로는 한 송이만
준비하는 거 어때?"
결혼 2주년이 일주일 남은 시점이었다. 그날 우리가 무엇을 할지 이미
정해놓았던 터라, 나는 슬쩍 건넨 말이 귀여워 능청을 떨며 대답했다. "그래?
준비할 일이 있으면 그럴게!" 와이프를 용산에 내려주고 가는 길에는 정면으로
남산타워가 보였고, 낮이라 불이 꺼진 남산타워를 보며 나는 '이번엔 어떤
꽃말의 꽃을 준비할까.'를 고민했다.

1년에 한 번 오는 우리만의 생일, 우리는 서울의 랜드마크를 여행하며 결혼을
기념하기로 했다. 첫 결혼기념일에는 빨간 장미꽃을 한 다발 들고 한강
유람선을 탔더랬다. 와이프도 나도 어엿한 서울 사람이지만, 그러니까 각자
고향을 떠나 서울에서 지낸 지 10년이 넘었지만 유람선을 타는 건 처음이었다.
선착장에서 예약해 둔 입장권을 받은 다음, 둘이 손을 꼭 잡고 배에 올랐다.
귀한 날, 바다에 떨어지면 안 되니까.
곧 다가올 두 번째 결혼기념일에는 케이블카를 타고 남산타워에 가기로 했다.
개인적으로는 처음 서울에 왔던 스무 살 이후로 처음이다. 그때는 자물쇠를
채울 일이 없었는데, 이번에는 자물쇠도 채우며 청승을 떨 예정이다. 아 참,
내려오는 길에는 돈가스도 먹기로 했다. 와이프는 아마 치즈를 추가할지
고구마를 추가할지 고민할 것이고, 우리는 둘 다 주문하게 될 것이다. 날이
날이니만큼 흔쾌히 바가지도 쓸 것이다.

거의 매일 건너는 한강, 거의 매일 보는 남산타워. 서울에 사는 우리와 달리
여행 온 사람들은 반짝이는 눈으로 이곳을 담고, 사진을 찍으며 기념한다.
덕분에 우리의 결혼기념일도 반짝이며 행진한다. 3주년과 4주년에는 또 어디를
가볼까. 한강에서 따릉이를 타고 라면을 먹을까, 2층짜리 서울시티투어버스를
타고 퍼레이드를 할까, 경복궁에서 한복을 빌려 입고 한복 할인을 받을까.
다행히 서울은 넓고 기념할 날이 많다. 궁리가 즐겁다.

태재

결혼 3년 차 에세이스트. 《책방이 싫어질
때》, 《스무스》, 《멀리메일》 등을 썼다.

케이크 기념일

디즈니 애니메이션 〈이상한 나라의 앨리스〉(1951)에는 이런 장면이 있다. 들려오는 흥겨운 노랫소리에 무심코 이끌려 들어간 집 안, 앨리스는 홍차를 마시며 노래 부르는 세 명의 친구들을 만난다.

"A very merry unbirthday to me, to you!(생일이 아닌 걸 축하합니다!)" 앨리스가 가사에 고개를 갸웃하자, 그들은 이어 노래한다.

"생일은 365일 중 하루뿐이지만, 생일이 아닌 날은 364일이잖아. 그래서 우리는 언제든 이렇게 파티를 열 수 있지."

이 엉뚱한 장면이 이상하게 마음속에 오래 남아 있다. 만화처럼 364일 내내 신날 수는 없겠지만, 하루뿐인 특별한 날을 기다리기보다 그렇지 않은 평범한 날들을 기념하는 낙천성이 소중하다.

좋아하는 노래 허밍어반스테레오 '샐러드 기념일'에도 비슷한 마음이 담겼다. "너가 맛있었다고 했던 살구빛 샐러드 / 맛있어서 또 먹고 싶어 / 너가 좋아했던 것들을 / 나에게 자그마한 행복들 달력 안 기념일들로 채워지네 (중략) 그 날은 샐러드 기념일"

떠올리기만 해도 행복해지는 취향, 음식, 노래, 사람 그 무엇이든 기념일의 빌미로 삼을 수 있는 것이다. 그렇다면 나한테는 케이크가 기념일의 소재다.

건강을 위해 밀가루와 설탕을 평소에는 최대한 피하며 사는 어른이 되었기에 더욱, 이 밀가루 설탕 혼합물을 섭취하는 행위가 특별해진다. 오래도록 애쓰던 무언가를 해내서 마음이 벅차오르는 날도 있고, 반대로 어쩔 수 없는 실패에 괜히 기운 빠지는 날이 있다. 그러면 그날은 곧바로 내 케이크 기념일, 좋아하는 케이크 가게로 향한다.

태극당의 '로루케익'은 우유랑 곁들이면 누구나 향수를 느낄 만한 다정한 맛이다. 소월길 밀영의 '생크림케이크'는 제철 과일이 올라가 있어 계절을 한껏 누릴 수 있고, 과자방의 '이 달의 홀케이크'는 아름다운 공예품 같아 만들어낸 손끝을 상상하게 된다.

주문을 마치고 초가 필요하냐고 물어오면, 꼭 큰 초 1개를 달라고 답한다. 집에 돌아와 접시에 담고, 초를 꽂고, 불을 붙인다. 케이크 위 조금씩 춤추는 촛불을 빤히 보고 있으면 삶이 조금 달라진다, 정말로!

추신. 이 글을 읽은 오늘을 당신의 '케이크 기념일'로 삼아도 좋겠다.

sehooninseoul

음악을 소재로 음반, 공연, 영상, 글 등 무엇이든 기획하고 만든다.

곤란하다, 곤란해

조금 솔직해져 볼게요.

에디터 **차의진**　일러스트 **심규태**

지난번에 뭐 받았더라?

다가오는 A의 생일. 떠오르는 선물은 많은데 뭐가 좋으려나? 불현듯 한 가지
생각이 스친다. '지난 내 생일에 A한테 뭘 받았지? 가격은 2만 원대일 텐데….'
받는 사람이 부담스럽지 않도록 비슷한 수준의 선물을 고르기 위해서지만,
누군가의 생일이 돌아올 때마다 이 생각을 하는 나, 왠지 속물 같아!

나 원래 더 센스 있는데

이런, 바쁘게 살다가 오늘이 A의 생일이란 걸 잊고 말았다. 내가 깜빡한 걸 알면
A가 분명 속상해하겠지. 시간만 더 있었다면 취향에 딱 맞는 선물을 준비할 수
있겠지만, 일단 시간이 없으니 어디라도 가야 한다. 서점? 소품숍? 과자 세트를
파는 베이커리? 결국 무난하게 디퓨저를 골랐다.
휴, 더 큰 감동을 안겨주지 못해 미안해.

내 것이 최고이기를

여러 사람과 함께 모인 A의 생일 파티. 각자 가져온 선물을 나누는 시간이다.
자리에서 선물을 뜯어보는 A의 손을 보며 왠지 긴장된다. A가 모든 선물에
기뻐하길 바라지만, 내 걸 가장 마음에 들어 하면 좋겠다는 마음은 어쩔 수가
없다. 그런데 B가 준 저 선물, 내가 봐도 센스 있다.

해외여행인지 선물 여행인지

오랜만에 해외여행을 떠난다. 기념품 사 오라는 A의 장난스러운 말에
"시간 나면 살펴볼게."라며 웃어넘겼지만, 여행 내내 꼬리표처럼 A의 얼굴이
따라다닌다. 관광지 기념품 판매대도 기웃, 귀국 전 공항도 기웃. 한국에 없는
무언가를 사야만 하는데…. 빈손으로 가긴 너무 아쉬워.

어색한 미소는 안돼

곧 돌아온 내 생일, 친구들을 만났다. 약속한 듯이 선물을 건네는 친구들은
포장을 뜯는 내 얼굴을 살핀다. 어떤 선물이 나오든 분명 나는 기뻐하겠지만,
나를 쳐다보는 저 눈동자들의 기대에 환한 리액션으로 부응해야만 할 것 같다.
부디 내가 지금 어색하게 웃고 있지 않기를!

다음은 내가?

특별한 날은 아니지만 누군가에게 선뜻 선물을 건네고 싶은 순간은 온다.
"생각나서 그냥 샀어요."라는 말에 웃는 얼굴이 돌아오면 무척 기쁠 테니까.
하지만 반대로 뜻밖의 선물을 받게 되면 나도 무언가를 돌려주어야 할 것 같은
기분이 드는 건 왜일까? 선물이란 거, 내가 줄 때는 보답을 바라진 않았잖아!

크리스마스, 그날 우리가 받았던 선물은 무엇이었을까.

말 없는 선물의 날들

에디터 황진아   일러스트 안현정

우는 아이의 연말 기념일

내 생일은 크리스마스 전전날, 12월 23일이다. 친구들은 크리스마스를 앞둔 내 생일에는 케이크 종류가 다양해 예쁜 케이크를 고르는 재미가 있다고 했다. 하지만 우리 집에선 조금 달랐다. 한 살 터울 오빠의 생일이 12월 26일, 엄마의 음력 생일까지 12월 말에 모두 겹치는 해에는 세 명 생일을 한날에 몰아 축하하곤 했다. 그럴 때면 크리스마스 시즌 한정 케이크 대신, 엄마의 취향인 생크림부터 고구마까지 여섯 가지 맛을 한 번에 먹을 수 있는 파리바게트 '마이넘버원' 케이크를 샀다. 서른, 서른 하나, 쉰 다섯. 세 사람의 나이를 모두 더한 초들은 하나의 케이크 위에 작은 산맥처럼 솟아 있었다. 우리는 동시에 서로를 위한 생일 축하 노래를 부르고, 동시에 초를 '후' 불면서 가성비 좋은 기념일을 치렀다.

며칠 전, 회사 팀원의 생일이 있어 전 직원이 모여 작은 파티를 했다. 케이크를 나눠 먹으며 서로의 생일을 하나씩 이야기하다가, 내 생일이 12월 23일이라는 이야기를 들은 실장님이 물었다. "진아 씨, 그럼 어릴 때 생일 선물 따로, 크리스마스 선물 따로 받았어?" 그 말을 듣고 멈칫했다. 잠깐만. 내가 크리스마스 선물을 받은 적이 있던가…? 연말이 되면 가족들 생일은 빠짐없이 챙겼지만, 아무리 생각해도 우리 집에서 크리스마스를 기념한 적은 없던 것 같은데….

어릴 적 나는 꽤나 천방지축한 소녀였다. 나의 든든한 놀이 상대는 오빠였는데, 주로 하는 건 전쟁 놀이였다. 30센티미터, 15센티미터 플라스틱 자를 테이프로 감아 총으로 만든 뒤 집 안을 함께 뛰어다니곤 했다. 놀이가 격해지는 날에는 테이블 위를 밟고 올라가 고난도 총격 기술을 선보이다가 발을 너무 세게 디뎌 테이블 유리를 깨 먹은 적도 있다.

집에는 컴퓨터가 한 대뿐이라 오빠랑 누가 더 게임을 오래 했느냐를 두고 매일같이 아웅다웅했지만, 그렇다고 새로운 물건을 사달라고 떼를 쓴 기억은 없다. 한정된 자원 안에서 우리는 서로의 차례를 두고 다투고, 나름의 규칙을 만들어가며 곧잘 놀았다. 갖고 싶은 물건도, 사고 싶은 장난감도 딱히 없던 아이. 그러니 일 년에 한 번, 생일에 받는 선물이면 충분했고 '울면 산타 할아버지가 선물을 주지 않는다'는 노래는 전혀 신경 쓰지 않았다. 나는 피붙이와 신나게 뛰어다니고, 숱하게 싸우고, 마음껏 울었다.

생각해 보니, 하루가 멀다 하고 오빠와 티격태격하며 울던 나도 크리스마스 선물을 받은 적이 있다. 아마 유치원생 시절이었던 것 같다. 크리스마스 아침, 눈을 뜨자 부엌에서 아침을 준비하던 엄마가 무심히 말했다. "장롱에 뭔가 있는 것 같더라." 비몽사몽 침대 옆 장롱 문을 열어보니, 옷걸이에 걸려 늘어진 겨울 코트들 아래로 커다란 레고 상자가 하나 놓여 있었다. '이게 바로 산타 할아버지가 준 선물인가…?' 잠시 고민하며 엄마를 바라봤다. 거짓말에 영 소질이 없던 엄마는, 작은 아이가 보내는 의심의 눈빛에 차마 들키지 않을 자신이 없었는지 나와 눈을 맞추지 않았다. '산타 할아버지가 놓고 갔다.'는 말 없이 그저 '장롱에 뭔가 있다.'고만 말한 엄마의 말씀이 어쩐지 아리송했지만, 레고 상자가 거기 있다는 사실만 중요했던 나는 머릿속으로 잠시 스친 물음표는 곧 잊어버리고, 자고 있던 오빠를 흔들어 깨워 함께 레고를 쌓으며 놀았다.

옛날 옛적 산타 할아버지가 살았는데

산타 할아버지와 관련된 기억은 그날이 전부였던 나는
이제야 궁금해진다. 그래서 산타 이야기는 어디에서부터
시작된 걸까?
산타클로스 이야기는 4세기 소아시아(현재 터키 지역)의 한
도시에 살았던 성 니콜라오스 주교라는 실제 인물에서
시작되었다고 한다. 그는 상속받은 재산을 가난한
이웃에게 몰래 나누어 주곤 했는데, 특히 가난한 집
굴뚝에 금 주머니를 떨어뜨려 딸들의 혼수를 마련해
줬다는 일화가 유명하다. 이 조용한 선행이 훗날 '밤에
몰래 선물을 두고 간다.'는 지금의 산타 행동으로
이어졌다고. 니콜라오스의 이야기는 유럽 전역으로 퍼져
네덜란드에서는 '신트클라스'라는 네덜란드식 이름으로
자리 잡았다. 이때부터 주교 모자와 지팡이를 든 모습,
말을 타거나 마차를 타고 다니는 모습 등 여러 지역마다
다양한 형태의 산타가 나타나기 시작했다.

이후 네덜란드 이민자들을 통해 미국으로 넘어오면서
이름이 자연스럽게 '산타클로스'로 변했고, 1823년
발표된 〈성 니콜라오스가 온 밤〉이라는 시에서는 처음으로
굴뚝, 썰매, 순록, 흰 수염, 통통한 모습이 구체적으로
묘사되며 현대 산타의 기본 설정이 갖춰졌다. 19세기
후반에는 삽화가 토머스 내스트가 둥글고 인자한 얼굴,
털 달린 옷차림을 그리며 산타의 이미지가 점점 자리를
잡았다.
그간 제각각이던 산타의 옷 색과 체형, 성격 등은 1931년
코카콜라가 삽화가 해든 선드블롬에게 그림을 의뢰하면서
하나로 모이기 시작했다. 선드블롬이 그린 따뜻하고
인자한 산타 이미지는 이후 수십 년간 코카콜라 광고를
통해 반복되며 널리 퍼졌고, 덕분에 오늘날 우리가 알고
있는 빨간 옷과 흰 수염의 산타가 완성되었다. 결국 산타는
한 사람의 전설에서 시작해 여러 지역의 이야기와 문학,
그림 그리고 현대 상업 문화가 겹쳐 지금의 모습으로
굳어지게 된 것이다. 그러고 보면 전 세계 어른들이 이렇게
오랜 역사 동안 한 마음으로 아이들을 속여온 셈이니
이 정도면 거의 국제 공조에 가까운 일이 아닌가 싶다.

아무도 말하지 않은 선물

다시 팀원의 생일을 축하하던 회사 테이블로 돌아와, 우리는 산타 할아버지 이야기를 이어갔다. 실장님 아들은 지난 크리스마스, 스마트폰으로 타임랩스 촬영을 해 산타가 오는지 확인하려 했지만, 중간에 배터리가 꺼져 다행히도 끝까지 확인하지 못했다고 한다. 학교에서도 친구들 사이에서 산타의 존재를 두고 의견이 분분하다고 했다. 듣고 있자니, 확실히 요즘은 아이를 속이기 더 어려운 시대가 된 것 같다.

나는 당시 내 또래 여자아이들이 찰랑이는 머리카락이 달린 사람 인형을 가지고 논다는 사실을 전혀 몰랐다. 초등학교 짝꿍과 친해진 지 몇 달이 지나, 그 친구 집에 놀러 가서야 처음 알게 되었다. 평소 레고를 쌓거나 집 안 도구들을 활용해 싸움 놀이를 하던 나는, 인형들이 가지런히 놓인 선반을 보았을 때 적잖이 충격을 받았다. 요즘에는 원하기만 하면 지구 반대편 아이들이 어떤 장난감을 가지고 노는지 금세 찾아볼 수 있지 않은가. 어린 시절부터 사실과 허구를 빠르게 구분할 수 있는 환경 덕분에, 아이의 상상 세계를 지켜주고 싶은 어른의 마음도 한층 더 조마조마해질 수밖에 없다.

문득 그 크리스마스, 주방에서 태연히 말을 건네던 엄마의 옆모습이 떠올랐다. 산타처럼 '밤에 몰래 선물을 두고 가야' 했던 엄마는 레고 상자를 어디선가 사 와, 하루 혹은 며칠 동안 몰래 숨겨두었다가 잠든 우리를 살피며 조심스레 장롱 안에 넣었을 것이다. 그 시절의 나는 그저 천진하게 레고 상자만 뜯고 열심히 놀면 되는 아이였지만, 돌이켜보면 어른들은 이렇게 각자의 방식으로 우리 세계를 지켜주고 있었는지도 모르겠다.

내가 아빠에게 출근할 때 입으시라며 색종이로 접은 종이 옷을 건넬 때도, 스케치북에 그린 상상 속 캐릭터가 밤만 되면 내 방을 돌아다니는 이야기를 신나게 할 때도, 아이의 상상이 아직 유효한 세계라면 구태여 깨뜨리지 않으려 했던 마음이 그곳에 있었다. 거짓말을 길게 늘어놓지 않으면서도, 언젠가 깨닫게 될 사실을 말하지 않음으로써 그 환상을 잠시라도 지켜주고자 했던 다정함. 드러나지 않아 몰랐지만, 우리는 그런 어른들의 묵인하는 다정함 덕분에 자기만의 세계를 오래 지키며 컸던 것 같다.

그 침묵 안에 담긴 마음을 나는 이제 조금 알 것 같았다. 매해 연말, 엄마가 좋아하는 마이넘버원 케이크를 먹으면서도 '사실 나는 투썸플레이스 스초생 케이크를 더 좋아해.'라고 말한 적이 한 번도 없으니까. 나이를 먹으면서 우리는 표현하지 않고도, 아니 표현하지 않음으로써 상대를 보듬는 법을 배운다. 그나저나 한 가지 걱정이 생긴다. 나도 아이들의 상상 세계를 지켜주는 어른이 되고 싶은데, 이 글… 산타를 믿는 어린이가 보고 있진 않겠지?

평범한 하루의 장면 곁에

특별한 기념일이 아닌 날에 문득 건네받은 꽃만큼이나 다감한 선물이 있을까. 한 송이
한 송이 손길을 거쳐 완성된 한 아름 꽃다발도, 지금 막 피어나 꾸밈없이 쌓여 있던 시장의
생기 가득한 생화도, 꽃은 그 존재만으로 주변을 밝히는 힘이 있다. '꽃의 일상화'를 모토로
시작된 꾸까Kukka는 어떤 형태로든 당신의 하루 작은 장면마다 늘 꽃이 함께하길 원한다.

일상에서 즐기는 꾸까

1. 꽃이 매일의 풍경이 되는 순간

정기구독

'꽃을 잡지처럼 정기적으로 받아본다'는 아이디어로 시작된 국내 최초 꽃 정기구독 서비스다. 꾸까 홈페이지에서 원하는 다발 크기와 구독 기간만 선택하면 손쉽게 신청할 수 있다. 꾸까는 '꽃다발 구독'과 농장에서 수확한 상태 그대로 받는 '파머스 믹스 구독' 두 가지 라인업을 운영하며, 매회 제철 생화를 새벽 농장에서 직접 공수해 신선도를 유지하고 있다. 색감과 종류가 반복되지 않도록 구성해, 매번 새로운 기분으로 계절을 즐길 수 있다. 자체 제작한 플라워 박스에 담겨 전국으로 배송되는데, 수분이 마르지 않고 흔들림에도 꽃이 상하지 않으니 안심해도 좋다. 출시 초반 '꽃을 구독한다'는 발상은 낯설었지만, 꾸까는 정기구독을 통해 기념일뿐만 아니라 일상 속에서도 자연스럽게 꽃을 즐기는 문화를 만들어가고 있다.

2. 일 년에 단 한 번뿐인 날

생일대장

기업을 운영할 때 직원의 생일을 잊지 않고 챙긴다는 건 생각보다 쉽지 않은 일이다. 꾸까의 '생일대장'은 그런 기업들을 위해 만들어진 서비스다. 처음 한 번 직원의 생일 정보를 등록해 두면, 생일에 맞춰 꽃다발과 함께 회사가 고른 선물을 대신 전해준다. 꽃은 가격이 쉽게 가늠되지 않아 받는 이가 정성을 먼저 느낄 수 있는 선물이기 때문에 많은 기업이 마음을 전하는 방식으로 꽃을 택하고 있다. 요즘은 생일뿐 아니라 임신, 육아휴직 복귀, 신입 사원 첫 출근 등 회사 안의 여러 환영의 순간에도 꾸까의 생일대장이 함께한다.

1.

2.

3. 광화문에서 만끽하는 꽃의 정취

테라스 꾸까

'테라스 꾸까'는 브랜드의 철학을 보여주는 쇼룸이자 꽃과 와인, 음식을 즐길 수 있는 복합 문화 공간이다. 낮과 밤, 자연과 도시가 어우러지는 광화문이라는 입지를 살려 공간 본연의 가치를 끌어내는 데 집중했다. 이곳에서는 전문 플로리스트가 상주하며 레스토랑 곳곳의 식물과 테이블을 직접 꾸민다. 꽃집도 겸해 입구에는 선물용 꽃이 전시되어 있어 방문객이 꽃을 구매할 수도 있다. 테라스꾸까 내부에 플라워 클래스가 진행되는 공간은 통유리로 구획되어 꽃을 만지는 풍경이 자연스럽게 눈에 들어온다. 식음, 관람, 구매, 배움이 분리되지 않고 한자리에서 이어지는 경험이 이곳의 가장 큰 매력이다. 특별한 날이 아니어도 작은 파티처럼 기분을 내고 싶은 이들에게 한 번쯤 들러 보길 권한다.

A. 서울 종로구 율곡로 12층
O. 화-토요일 11:30–21:00, 일·월요일 휴무

3.

©꾸까

박춘화

꾸까 대표

꽃의 일상화를 목표로 꾸까가 탄생한 지 10년이 지났다.
그때와 비교하면 사람들 인식도 많이 달라졌다. 이제는
매일 커피나 차를 마시듯, 꽃은 더 이상 멋진 사치재가
아닌 생활 속에서 자연스럽게 즐기는 존재로 자리 잡기
시작했다. 그 변화를 함께 지켜봐 온 꾸까의 박춘화 대표와
이야기를 나눴다.

**대표님께서는 꽃과는 거리가 먼 듯한 일을
해오셨는데요. 이전의 커리어가 꾸까의 창업에 어떤
영향을 주었나요?**

저는 공대를 졸업하고 직장 생활을 하다가 아모레퍼시픽에
입사해서 경영 쪽에서 2년 정도 일을 했어요. 그러다가
독일 회사 '로켓 인터넷'의 한국 지사에서 일하게 됐죠.
그곳은 IT 인큐베이팅 회사이고, 비즈니스 모델을 주면
그걸 기반으로 제가 직접 사업을 전개하는 구조였어요.
당시에 미국에서 정기배송 서비스가 유행이었는데, 저는
국내 최초 화장품 정기구독 서비스인 '글로시박스'를
창업하며 사업을 시작했어요. 몇 년 동안 경험을
쌓으면서도 결국 그 회사의 사업이 제 것이 아니었기에
한계를 느꼈고, 자연스럽게 화훼 산업에 눈을 돌리게
되었고요. 그때부터 저는 꽃으로 새로운 사업 모델을
만들어야겠다고 결심했죠.

**화훼 업계의 어떤 문제를 보고 변화의 가능성을
느끼셨어요?**

제가 느낀 문제는 세 가지였어요. 첫째는 꽃이
일상에 없다는 점이에요. 당시 한국에서는 꽃을 거의

선물용으로만 생각했어요. 부모님이 집에 오실 때 과자는
사 오셔도 꽃을 사 오신 적은 한 번도 없었고, "길 가다
예뻐서 꽃을 샀다."는 친구들 말을 들어본 적도 없었어요.
그런 문화를 언젠가 누군가 만들어야 생길 텐데 아무도
안 하면 영영 생기지 않을 것 같았어요. 둘째는 가격
문제였어요. 그때도 꽃을 한 번 사려면 5만 원, 10만 원은
기본이었거든요. 선물로만 여겨지니까 자연스럽게 가격도
높았던 거죠. 하지만 해외에서는 장미나 튤립 같은 꽃을
1만 원 이하로도 쉽게 살 수 있었어요. 한국은 왜 다른
것인지 의문이 생기더라고요. 셋째는 유통 구조였어요.
이전 직장에서 이커머스를 다루었기에 자연스레 '전국
어디로든 배송하는 게 왜 꽃은 불가능하지?'라는 생각이
들었죠. 꽃은 여전히 동네 꽃집처럼 오프라인 중심의 로컬
비즈니스로만 존재했거든요. 그래서 판매처를 온라인으로
바꿔보자는 생각으로 시작했어요.

**그 문제의식을 갖고 브랜드를 오픈하기까지 어떤 과정을
거쳤어요?**

준비 기간은 정말 짧았어요. 3월에 시작해서 약 40-50일
안에 무조건 론칭하자고 결심했어요. 이유는 간단했어요.

제가 그 당시에 돈이 없었고, 두 달 정도 해보고 안되면
바로 취업해야겠다는 마음이었거든요(웃음). 그래서 50일
안에 비즈니스를 검증할 수 있을 정도로만 만들어보자고
목표를 세웠어요. 일정을 거의 일주일 단위로 쪼개서
움직였어요. 첫 주에는 비즈니스 모델을 구상하는 데
집중했고, 그다음 주에는 이 모델을 가지고 실제 꽃
시장을 돌아다니며 업계 사람들을 만나기 시작했어요.
그 과정에서 실제로 사업이 굴러가기 위한 모든 과정을
오퍼레이션 맵으로 짜고, 다음 2주는 홈페이지 개발과
상품 구성에 시간을 쏟았고요. 마지막 2주는 론칭 마케팅
준비를 집중적으로 했죠. 그렇게 딱 50일 만에 첫 서비스를
내놓을 수 있었어요.

꾸까의 정기구독 서비스 덕분에, 꽃이 단순한 기념일
선물이 아니라 '나를 위한 선물'로도 자리 잡기 시작했다고
생각해요.
사실 꾸까가 정기구독 서비스로 많이 알려지긴 했지만,
저희가 원한 건 단순히 일상 속에서 꽃을 주문하고 즐기는
경험이 많아지는 것이었어요. 그 방법 중 하나로 정기구독
서비스를 활용한 거죠. 요즘은 포장 없이 신선하게 구매할
수 있는 '꽃시장' 서비스가 특히 인기 있어요.

장미 한 단, 국화 두 단 이런 식으로 원하는 만큼 제철
꽃을 살 수 있어요. 1–2주 단위로 반복 구매하시는 분들도
많고요. 꽃시장의 꽃을 구매하시든 정기구독 서비스를
이용하시든, 목적은 아마 비슷할 거예요. 이전에는 꽃을
평소에 즐기는 문화가 거의 없었고 가격도 비쌌지만,
이제는 생활 속에서 부담 없이 꽃을 즐길 수 있으니까요.
사실 몇 년 전에 저희가 백화점에서 팝업을 했을 때
지나가는 분들이 "예쁜 쓰레기를 판다."는 말을 하기도
했었는데요. 그런데 지금은 상황이 많이 달라졌어요.
길 가다 꽃을 사는 것도 이제는 어렵거나 이상하게 보이지
않잖아요. 꽃을 보는 시선과 접근성이 확실히 바뀌었다는
느낌이 들어요.

개인이 아닌 기업 대상 서비스도 운영 중이시죠.
'생일대장'은 어떻게 시작하게 되었나요?
원래 저희 직원 생일 때 직원 부모님에게 꽃을
보내드렸어요. 직원보다 오히려 부모님께 전달될 때
훨씬 감동이 크더라고요. 거기에서 아이디어를 얻어
서비스로 확장하게 됐어요. 기업 입장에서는 직원 생일
정보를 입력하고 꽃과 선물을 선택해 두면, 생일에 맞춰
자동으로 배송되니까 편리하고요. 또 생일뿐만 아니라

육아휴직 후 복직하신 분이나 신입 사원이 첫 출근하는 날
축하용으로도 많이 이용하세요. 무엇보다 금액이 예상되는
다른 선물보다 꽃은 가격이 특정되지 않기 때문에 조금 더
정성이 느껴지기도 하죠. 이런 이유로 많은 회사에서 꽃
선물을 선택하시는 것 같아요.

**온라인 서비스로 시작해 오프라인 공간으로 확장하게 된
계기도 궁금해요.**
론칭 후 2-3년 동안은 온라인 기반으로 잘 운영했어요.
그런데 외부에서는 실체가 없는 회사처럼 보이더라고요.
실제로 당시 저희 플로리스트분들은 주변 업계 사람들에게
"도대체 무슨 회사냐?"라는 질문을 많이 받았다고 해요.
제가 꽃을 전문적으로 배운 사람이 아니라는 점 때문에
무시하는 시선도 있었어요. 그래서 '브랜드를 확실히
보여주자.'는 생각으로, 2-3년간 벌어둔 돈을 모아 이태원
경리단길의 3층짜리 빌라에 오프라인 매장을 냈어요. 그
뒤로 차례로 지점을 오픈했고, 당시에는 브랜드를 조금
더 알리는 데 집중했어요. 지금은 오프라인 지점을 플라워
클래스의 거점으로 활용하고 있는데요. 현재 서울에 다섯
개 지점을 운영 중이고 홍대, 구로, 강남, 잠실, 광화문으로
나눠서 어디서든 쉽게 접근할 수 있도록 했어요.

클래스를 중심으로 공간을 운영하는 이유가 있어요?
우선 꽃을 배워야 즐길 수 있다고 생각해요. 프랑스에서는
보통 일고여덟 살 정도 되면 아이에게 꽃 다루는 법을
가르쳐요. 어릴 때부터 꽃을 어떻게 즐기고 다루는지
배우지 않으면, 평생 꽃과 친해질 기회를 놓치기 쉽거든요.
하지만 한국은 이런 문화가 거의 없어요. 꽃다발을 받아도
물에 꽂아 두지 않는다거나 "뿌리가 날 줄 알았는데 안
났다."고 말씀하시는 분도 있었어요. 가까이에서 꽃을
다루고 이해하는 경험이 필요하다고 생각해서 클래스를
운영하고 있어요.

**이곳 테라스 꾸까는 원래 카페 공간으로 운영되다가
와인 바를 겸한 복합 문화 공간으로 리뉴얼되었죠?**
맞아요. 처음 카페를 시작한 이유는 간단했어요.
꽃만으로는 방문하시기 부담스러울 수 있으니 카페를
접목해서 공간을 꾸린 거예요. 당시에는 카페 문화도
지금처럼 발달하지 않았을 때라 '괜찮은 카페를
만들어보자.'가 목표였어요. 그런데 5년 정도 지나면서
카페가 너무 많아졌고, 이대로는 브랜드를 보여주기
어렵겠다는 생각이 들었어요. 그래서 다이닝 공간을
겸하는 공간으로 리뉴얼을 진행했습니다. 음식도 예쁘고
맛있으면서, 꽃과 함께 공간 무드를 전달할 수 있도록요.
그 시기쯤 브랜드에 새롭게 활기를 주자는 목표도

있었고요. 개인적으로 제가 동십자각을 어릴 때부터
좋아해서, 동십자각 앞에 이런 공간이 있으면 좋겠다는
마음도 있었어요. 복잡한 성수 같은 곳보다 여유롭고
현대적이면서 전통적인 요소가 공존하는 공간이라 편하게
머무르실 수 있을 거예요.

**꾸까의 모토이기도 한 '꽃의 일상화'는 결국 소비자의
습관을 바꾸는 일이기도 한데요. 그 목표를 위해 풀어야 할
과제는 무엇이라고 생각하세요?**
지난 10년 동안 온라인으로 꽃 문화를 넓히는 데 큰 노력을
해왔어요. 그동안 온라인에서는 나름 성과를 냈지만,
오프라인에서도 어떤 혁신이 일어나야 된다고 봐요.
그렇기 때문에 일상에서 더 가까이, 부담 없이 꽃을 즐길
수 있는 공간이 있어야 한다고 생각하고요.
그 일환으로 준비 중인 것이 창고형 꽃집이에요. 기존
꽃집은 약국 같다고 생각하거든요. 어디가 아프다고 하면
약을 처방해 주는 것처럼 "오늘 어머니 생신이에요."
하면 그에 맞는 적절한 꽃을 만들어 주시는 거죠. 그런데
저희는 굳이 그럴 필요가 없다고 생각해요. 가격 부담
없이 자유롭게 고를 수 있고, 언제든 와서 편하게 살 수
있는 구조의 꽃집을 만들려고 해요. 외국에서 마트를 가면
채소 사듯이 꽃을 살 수 있는 것처럼요. 곧 론칭을 앞두고
있는데 기존에는 없던 방식이 될 것 같아요.

꾸까의 꽃으로 마음 전하기

사랑과 감사, 축하와 위로까지
꽃은 그 자체로 메시지가 된다.

1.

2.

1. 수국

이름 그대로 물을 품은 꽃이기에 장마철이 되면 피어나기
시작한다. 제주도에서는 수국을 '도깨비 꽃'이라고도
부른다. 토양 성분에 따라 꽃 색이 달라지고 예측할 수
없다는 점이 변덕스러운 도깨비와 닮았다는 이유에서다.
같은 종이라도 상황에 따라 색이 바뀌듯, 수국의 꽃말은
'변덕', '변심'이다. 하지만 동시에 '진실한 마음'이라는
꽃말도 갖고 있다. 우리는 진실로 사랑하기에 자주
흔들리곤 한다. 서로 힘주어 생채기를 내면서도 다시 잔뜩
끌어안고야 마는 마음. 그 서툰 마음을 드러내며, 그보다
더 큰 사랑을 담아 이 꽃을 건네보는 것은 어떨까.

2. 디디스커스

자유로움이 느껴지는 디디스커스의 꽃말은 '아이'.
작고 앙증맞은 꽃송이들이 사방을 향해 자라난 모습이
마치 옹기종기 모여 방방 뛰노는 어린아이들을 닮았다.
꽃은 어른들 사이에선 특별한 날이 아니어도 곧잘
주고받지만, 기념일이 아니라면 아이에게 꽃을 선물하는
일은 흔하지 않은 듯하다. 자신만의 작은 성취를
이뤄낸 순간에, 그래서 스스로 한 뼘 자라난 아이의
품에 디디스커스를 가득 안겨주는 건 어떨까. 세상의
아름다움을 있는 그대로 바라보는 천진한 눈빛, 계산 없이
감탄할 줄 아는 순수한 마음. 그 맑은 기운을 잠시나마
빌리고 싶은 바람을 담아서.

3.

4.

3. 마트리카리아

카모마일의 한 종류인 마트리카리아는 은은한 사과 향을
품은 꽃이다. 흔히 들판에서 자주 보이며 '달걀프라이'라고
불리던 바로 그 꽃이다. 꽃의 얼굴이 크지도, 그렇다고
줄기가 굵지도 않아 겉보기에는 매우 여려 보이지만 다른
꽃보다 수명이 긴 편이다. 얇은 줄기에 달린 꽃송이들이
바람 부는 대로 흔들리면서도 다시 중심을 찾아가는
모습이 꽃말처럼 '역경을 이겨내는 강인함'을 보여준다.
한 해 동안 수고한 친구나 동료, 크고 작은 부침을 겪어온
사람에게 전한다면 조용하지만 든든한 격려가 되어줄
것이다.

4. 용담

한 사람의 속절없이 무너지는 시절에도 그 곁을
지키겠다는 다짐만큼 견고한 사랑을 표현할 방법이
있을까. 용담은 '당신이 힘들 때 나는 사랑한다.'는 의미를
갖고 있다. 외국에서는 'Autumn bell flower'라고도
부르는데, 꽃이 피면 종 모양으로 펼쳐지기 때문이다.
하지만 용담은 여느 꽃처럼 활짝 피는 순간을 기다리는
꽃이 아니다. 때로 모두 개화하지 않기도 한다. 평생
만개하지 않더라도, 웅크린 채 이내 피어나지 않더라도
충분히 아름답다. '당신의 어떤 모습이 좋다.'는 말보다
'당신의 어떤 모습이든 좋다.'는 말을 고백하고 싶은
사람이 있다면, 이 꽃이 그 마음을 대신해 주기를.

주소 불러줘, 귤 보내려고

서귀포에서 전화가 왔다. "다운아 귤이 익어 간다. 수확까진 조금 기다려야겠지만, 새콤달콤
먹을 만해." 그렇다. 나는 '귤수저'다. 제주에 귤의 계절이 도래했다. 당장 서귀포에 가야겠다.

글 정다운   사진 박두산

귤에 담긴 꿈

"너희 집에 귤나무 있어?"
제주도에 산다고 하면 육지(제주에서는 섬이 아닌 지역을
'육지'라고 말한다) 사람들은 이렇게 묻곤 한다. 참 나,
상상력 부족한 육지 것들 같으니라고. 제주도 하면 귤밖에
못 떠올리지. 제주도가 아무리 '귤국'이라고 하지만,
귤나무가 모두 있을 거란 건 제주를 정말 납작하게
보는 거라고! 아무튼 그때마다 제주 사람들은 이렇게
대답한단다.
"제주도라고 집에 모두 귤나무가 있는 건 아니라고!
그런데 우리 집엔 있어."
"모든 제주 사람이 귤나무를 갖고 있진 않지. 뭐, 우리
할머니 집엔 한 그루 있지만….”
SNS에서 처음 이 이야기를 접하고 공감하며 웃었다.
나는 제주에 살지만, 우리 집은 도심에 있고, 귤나무는
없다. 아, 그런데… 나도 부모님 댁엔 귤나무가 있다.
나도 귤나무가 없진 않은 셈이다.
제주에서 태어나지 않은 내가 귤나무를 가지게 된
이야기를 하려면, 시간을 조금 거슬러 올라가야 한다.
경기도 용인시에 있는 23층짜리 아파트의 22층에
살며 매일 각자의 회사로 출퇴근을 하던 우리는 어느
날 부모님에게 회사를 그만두고 배낭여행을 다녀온 후
제주도로 이주해 살고자 한다고 말씀드렸다. 너네가
미쳤냐, 잘 다니던 회사를 왜 그만두냐, 여행이 웬 말이냐,
제주도라니 정신이 나갔구나, 하는 답을 하실지도
모른다고 생각했는데, 어라? 뜻밖의 대답이 돌아왔다.
"우리도 제주도 가서 살고 싶었는데, 오히려 잘되었다."
우리가 배낭을 메고 세계를 여행하는 동안 우리보다 먼저
제주도로 이사를 간 부모님은 애월읍의 아파트를 구해
살며 매일같이 제주도 구석구석을 돌아다니면서 집과 땅을
알아봤다. 그러곤 서귀포 바다가 보이는 양지바른 곳에
적당한 규모의 귤밭을 구해 귤밭 한편에 반듯한 일 층 집을
짓고, 귤 농사를 지은 지 벌써 10년째. 다른 사람 도움 없이
오롯이 두 분이서만 농사를 짓고, 수확하고, 직거래로 귤을
판매하신다.
아버지는 과일 밭 주인이 오랜 꿈이었다고 한다. 사과와
복숭아 등 과일 농장이 많은 충청도 시골에서 가난한
어린 시절을 보낸 아버지는 집에 과일 밭이 있는 친구들이
그렇게 부러웠단다. 어느 날 귤나무 사이를 걸으며
"나는 꿈을 이룬 셈이지."라고 말씀하셨다. 농장 이름에는
부모님 두 분 이름이 나란히 들어가 있다.
같은 밭이라고 해서 모든 귤이 같은 속도로 익는 것은
아니다. 어떤 귤은 해를 많이 받아 먼저 익고, 어떤 귤은

구석진 곳에서 열려 천천히 익는다. 나무가 자리한 땅에
따라서도 귤 맛이 다르다. 아버지는 매일 귤나무 사이를
걸으며 안부를 살피고, 그래서 지금 가장 귤이 맛있게
익은 나무를 안다. 그리고 그 나무에서 제일 잘 익은
귤을 골라 수확한다. 농장들은 대부분 날 잡고 일을
도와줄 삼춘들을 불러 한꺼번에 따서 판매하는데, 굳이
이런 방식을 고집하는 건, 팔순이 가까운 부모님들에게
귤밭은 소중한 일터이고 또, 자존심이기 때문이다. 귤을
수확하고 판매하는 겨울, 두 분은 1년 중 가장 바쁘지만
가장 에너지가 넘치신다. 겨울에 바쁘고 에너지 소진이
많아 봄, 여름, 가을에는 겨울을 위해 체력을 관리한다고
말씀하시는데, 곁에서 볼 때는 겨울에 충전한 에너지로 봄,
여름, 가을을 사시는 것 같다.
아무튼 덕분에 겨울마다 나는 귤을 따고(사실 자주는 아니고
가아끔 딴다) 판다(파는 건 잘 판다). 그러니 내게도 귤나무가
있는 셈이다. 귤나무가 있는 제주도민의 겨울은 대개
비슷하게 흘러간다. 평일에 시내에서 살며 회사를 다니는
사람들도 주말에는 귤밭으로 가 귤을 딴다. 겨울이면 온
섬이 부지런해진다.

귤 이상의 귤

"딸아 사랑하는 내 딸아 엄마는 늘 염려스럽고 미안한
마음이다 귤을 보내니 맛있게 먹거라"
강아솔의 노래 '엄마'에는 이런 가사가 나온다. 이 노래는
제주에서 들으면 '엄마'보다 '귤'이 더 크게 들린다. 나도
귤 철이 시작되면 가장 먼저 가족들에게 귤을 보낸다.
처음 제주도로 이사 왔을 땐, 귤나무도 없으면서 제주에
산다는 기분에 취해 동문시장 과일 가게에서 귤을 사 육지
지인들에게 보냈다. 당연하게도 귤은 제주도 현지에서
사서 보내나, 육지에서 주문하나 가격이 똑같다. 도민에게
할인을 해준다거나 하는 일은 없다. 나보다 먼저 제주도로
이주한 친구가 제주에서 귤 싸게 살 수 있는 팁이라며
"밀감 얼마예요?"라고 하지 말고 제주 사투리로 "미깡
얼마 마씸?"이라고 물어보라고 했는데, 아무래도 안
통하는 거 같더라. 아무튼 한 박스에 몇만 원씩 돈이
들더라도, 겨울이면 친구들과 귤을 나눠 먹고 싶은 마음에
육지에 귤을 많이도 사서 보냈다.

부모님이 귤 농사를 짓기 시작하면서부터 드디어
지인들에게 '공짜'로 귤을 보낼 수 있게 되었다.
공짜라고는 하지만 노동력이 들어가는 것이니 이것도
물론 완전히 공짜는 아니다. 한 해에 대략 스무 박스
정도 선물하는 것 같다. 매년 엑셀 파일에 귤 보낼 주소
리스트를 정리한다. 작년까지 귤을 선물한 사람의 주소를
지우기도 하고, 올해 처음 귤을 보내는 사람도 있다.
그중에서도 시장에서 살 때부터 우리 귤나무에서 직접
딸 때까지 몇 년째 빼놓지 않고 귤을 보내는 사람이 가장
많다. 매년 겨울 그들에게 귤을 보낼 때마다 생각한다.
'올해도 나랑 친구 해주어 고맙습니다. 내년에도
잘 부탁합니다.'
육지에서 제주도로 이사 와 사는 일의 단점을 하나
꼽는다면, 정든 친구들을 자주 만날 수 없는 거다.
집 앞에서 만나 함께 떡볶이를 나눠 먹고 커피를 마시며
그날그날의 대수롭지 않은 일에 대해 수다를 떨던 일이
가장 그립다. 육지에는 명절 때나 겨우 가는 편이라
친구들 만날 일이 거의 없다. 가끔 친구들이 제주도로
여행을 올 때나 겨우 만나게 된다. 그나마도 가족여행으로
오는 경우가 많아서, 둘이서 속 깊은 이야기를 할 시간이
많지 않다. 물론 사이사이 안부를 전하며 살고 있지만
일상의 감정을 결결이 공유하던 시절은 더 이상 없다.
하지만 이제는 안다. 이게 꼭 내가 섬에 살아서만은
아니라는 것. 한 시절 우리가 함께 시간과 감정을 가까이
나누었다는 것만으로도 우리는 계속 친구다. 어디에
살든 서로 응원하는 사이는 귀한 것이니까. 나의 귤엔
그리움과 응원과 사랑이 담겨 있다는 걸 친구들은 언제나
알아차린다.
"너에게 귤을 받으면 인생 잘 살고 있는 기분이 든다."
어느 겨울 한 친구가 말했다. 겨우 귤 한 박스에 다정함을
더해 받는 나의 친구들. 종종 커피 쿠폰부터 잘 짠
참기름이며 예쁜 유리컵 같은 선물들이 되돌아오기도
한다. 그때마다 나도 생각한다. "나 인생 잘 살고 있나 봐."
그런 의미에서 아낌없이 따서 나눌 수 있는 내 귤나무 하나
있는 건 좀 근사한 일이다. 귤나무 한 그루에선 최대 수십
박스까지 귤을 수확할 수 있다. 그래서 겨울이면 부자가 된
기분이 든다.

겨울이 좋은 이유

육지에 선물로 보내는 귤은 완전히 공짜는 아니지만,
사실 내가 먹는 귤은 공짜다. 귤나무를 갖기 전에도
그랬다. 공짜라기보다는, 귤이 저절로 생긴다고 하는 게
맞겠다. 제주도에 이주한 (귤나무 없는) 친구들은 귤이
공짜로 생기면 말한다.
"내가 진짜 제주도민이 되었나 보다."
그것은 귤나무 있는 친구가 생겼단 뜻이고, 제주 삶에
조금 더 뿌리내렸단 이야기다. 귤나무가 있는 친구에게
직접 귤을 받는 것 말고도 식당 입구에 누구나 가져가라며
귤이 컨테이너째로 쌓여 있는 일은 흔하고, 아파트 일 층
현관 앞에 귤이 쌓여 있는 장면도 자주 볼 수 있다. 처음엔
공짜 귤이 보일 때마다 즐거워하며 가리지 않고 가져다
먹었지만 이젠 귤을 가려 먹는 어엿한 도민이기 때문에
먼저 묻는다.
"이거 어디 귤이죠? 서귀포 귤인가요?"
서귀포시 귤이 제주시 귤보다 언제나 맛있는 건 아니지만
대부분 더 맛있다.
서귀포의 부모님 귤밭에 다녀올 때면 차 트렁크에 귤을
가득 싣고 돌아온다. 한라산을 넘어 집까지 오는 길에
친구 집에 들러 귤을 조금씩 나눠 준다. 귤이 저절로
생기는 걸 넘어, 도민 친구들에게 귤을 나눠 주다니,
정말 어엿한 도민이 된 거 같다. 이 글에서 귤 향기가
느껴진다면, 맞다. 귤을 열 개도 넘게, 사실은 셀 수도 없이
계속 까먹으면서 썼다.
내 꿈은 제철 음식 꼬박꼬박 잘 챙겨 먹는 삶이다. 더불어
제철 음식을 다정한 이들과 나눠 먹으며 살 수 있다면
더 바랄 게 없다. 건강해야 하고, 친구가 있어야 하며,
주머니 사정도 나쁘지 않아야 하니 쉬운 꿈은 아니다.
하지만 일단 겨울에는 성공이다. 나도 아버지처럼
꿈을 이룬 셈인가?

때로는 좋은 납치

아는 맛, 지겨운 관계, 낯익은 어제와 오늘, 좀처럼 새로운 사건이 벌어지지 않는 요즘의 나는 조금 허전하다.
선물 같은 뜻밖의 일들이 일어나길 바란다.

글·사진 김건태

"이름을 김권태로 바꿀까 봐. 그 이름보다 지금의 나를 더 잘 설명하는
단어가 없거든." 술자리에서 그 말을 하고 다음 날, '미란이 형(라미란 배우를
닮음)'에게서 전화가 왔다. 소파에 누워 〈용감한 형사들〉 호수 살인사건
편을 보던 중이었다. "30분 뒤에 집 앞으로 간다. 토 달지 말고 그냥
나와." 미란이 형은 자기 말만 하고 전화를 끊었다. 방송에선 이제 막 토막
난 사체가 호수 위에 떠오른 참이었다. 진지한 형사의 브리핑을 들으며
미적거리고 있는데, 잠시 후 또 전화가 울렸다. "빨랑 나와, 뭐 해!" 아,
귀찮아 죽겠네…. 대충 모자를 눌러쓰고 나가니 집 앞에 검은색 승합차가
세워져 있었다. "아, 뭔데… 읍읍!!" 미란이 형은 두꺼운 손으로 내 입을
막고 차 안으로 떠밀었다. 승합차 안으로 던져지며 "많은 납치 사건이
면식범에 의해 일어난다."던 형사의 말이 떠올랐다. 순간 머릿속으로
탈출 시나리오를 세우는데, 차에 타고 있는 낯선 얼굴들이 내게 인사했다.
처음 보는 인간 남자와 인간 여자. 나는 인류를 처음 마주친 생물처럼
어리둥절해 있었다.
미란이 형의 사연은 이랬다. 여름휴가로 짝을 맞춰 여행을 가기로 했는데,
갑자기 한 명이 펑크를 내는 바람에 짝이 안 맞게 되었다는 것. 그러던
중 삶이 권태롭다던 내가 떠올라 여행비를 '엔빵'하기 위해 납치했다는
것이다. 아무리 그래도 갈아입을 속옷도 없이 1박 여행을 가는 건 좀
아니지 않나 싶어 항의했더니, 미란이 형이 내 주머니를 뒤졌다.
"지갑은 있네. 그럼 됐어."

네 시간의 긴 여정 끝에 동해에 도착했다. 미란이 형과 나, 이름 모를
친구들까지, 우리 여덟 명은 차에서 내리자마자 바다로 달렸다. 바다에
들어가기 위해 신발을 벗었는데 아뿔싸! 작열하는 태양 아래 모래사장은
기름에 달군 불판이나 다름없었다. 우리는 압정을 밟은 사람처럼 날뛰다가
겨우 물속에 발을 담갔다. 그런데 왜 아무도 해수욕을 하지 않느냐고
물으니 여자 일행 한 명이 대답했다. "미란 오빠 앞에서 비키니를 입고
싶지 않아요." 미란이 형은 자기도 취향이라는 게 있다며 혀를 찼다. 그는
정박해 있는 바나나보트를 가리켰다. "그럼 저거라도 탈까?" 그러자
이번엔 운전사 역할을 맡은 남자 일행이 대답했다. "렌터카 시트 젖으면
물어줘야 해. 타지 마." 우리는 바다에 놀러 온 듯 아닌 듯 어정쩡하게
서서 사진만 찍었다. 멀리 보트가 일으킨 파도를 타고 미역과 불가사리
같은 바다 생물들이 떠밀려왔다. 나는 울긋불긋한 불가사리 사체를 주우며
생각했다. '참, 알쏭달쏭한 여행이군.' 우리는 딱히 한 것도 없이 다시 차에
올랐다. 맨 뒷자리에 앉은 나무늘보를 닮은 남자 일행이 말했다. "그래도
바다를 봤으니 대만족!"

펜션은 어느 이름 모를 산골짜기에 있었다. 구불구불 오솔길을 한참
오르자 수영장을 낀 멋진 저택이 나타났다. 일행들은 외국에 온 것
같다며 기뻐했다. 미란이 형이 고무줄이 다 늘어난 수영복을 빌려줬고,
나는 허리춤을 잡으며 거의 탈진할 정도로 수영했다. 선베드에 누워
반짝이는 윤슬을 바라봤다. 아침까지만 해도 소파에서 쓸쓸히 죽어가는
히키코모리였는데, 저녁엔 태닝을 하며 차가운 맥주를 마시고 있는 모습이
비현실적으로 느껴졌다. 그런데 왜 하필 이런 상황에서 '명탐정 코난'을
떠올렸는지 모르겠다. 코난이 나타나는 곳에선 항상 사건이 일어나고,
그 무대는 늘 인적 드문 산장이다. 하필 인원도 여덟 명, 만약 살인을
저지르고 싶다면 지금이 최적의 조건이었다. 그런 생각을 하며 일행들의
얼굴을 찬찬히 살펴봤는데, 하나같이 의심스러운 구석이 보였다. 그렇지만
죽을 때 죽더라도 고기는 먹고 죽어야지, 생각하며 자리에서 일어났다.

펜션 바비큐장에서 미란이 형이 고기 굽고 있었다. 그는 고기를 너무나 좋아하고, 고기 굽는 일은 더 좋아하는 사람이었다. 그릴로 땀이 뚝뚝 떨어지는 와중에도 절대 집게를 넘기지 않았다. "소금 간이 아주 제대로 배겠어!" 미란이 형의 여자친구가 말했다. 그녀는 땀이 떨어진 고기를 모아 크게 쌈을 쌌다. 그러고는 미란이 형 입에 욱여넣으며 말했다. "결자해지!" 나는 그 더럽고 따뜻한 관계가 꽤나 사랑스럽게 느껴졌다. 우리는 반쯤 그을린 고기를 먹고, 산모기에 물리고, 소맥을 마시고, 팀을 짜 게임을 했다. 80년대생인 우리가 아는 최신 술 게임은 '배스킨라빈스 써리원'뿐이었다. 그마저도 나이 많은 팀의 차례가 되면 템포가 느려졌다. 미란이 형은 감바스며 짜파구리며 자꾸만 음식을 내왔다. "많이 먹고 많이 싸. 똥을 싸고 자야 다음 날 숙취가 없어." 그의 말을 들은 모두가 엄지를 아래로 내리며 야유했다.

저녁 10시도 되지 않았는데, 나무늘보를 닮은 남자가 꾸벅꾸벅 졸기 시작했다. 그러자 옆에 앉은 여자가 그의 뺨을 때렸다. 아무래도 둘은 썸을 타고 있는 듯했다. 그때 사라졌던 미란이 형의 여자친구가 방에서 케이크를 들고 나타났다. 초의 숫자를 보니 주인공은 미란이 형이었다. 얼떨결에 모두가 자리에서 일어나 생일 축하 송을 불렀다. 미란이 형은 눈시울을 붉히며 초를 불었다. 준비한 선물이 없는 나는 낮에 주운 불가사리를 그에게 건넸다. "뭐야, 어부야?", "자연주의자야." 선물 증정식 후, 코를 훌쩍이며 미란이 형이 말했다. "음… 사실 내 생일은 다다음 달이긴 해." 선물을 건네던 그의 여자친구가 '벙찐' 표정을 지었다. "생일은 아니지만 정말 진심으로 고마워… 너희의 사랑이 느껴져. 흐흙…." 그는 본격적으로 흐느끼기 시작했다. 무슨 사연인지 여자친구에게 묻자 그녀가 고개를 저었다. 아마도 호르몬 때문일 거라고 했다. 나이가 들어서 어쩔 수 없다며, 자신은 이미 언니라 부른다고 덧붙였다.

우리는 내친김에 캠프파이어도 했다. 남은 장작을 둥글게 쌓고 불을 붙였다. 모닥불을 중심으로 둥글게 앉아 흩날리는 불씨를 바라봤다. 나무늘보맨이 종이컵에 촛불을 꽂아서 나눠주었다. 초등학교 수련회에서 경험했던 촛불 의식 같은 건가? 왠지 엄마의 이름을 부르며 울어야 할 것 같은 느낌이 들었다. 나는 이게 궁상인지 낭만인지 조금 헷갈렸지만, 소리 내어 말하지는 않았다. 모두가 진지한 얼굴을 하고 있었기 때문이다. 손에 쥔 촛불을 바라보며 우리는 각자 생각에 잠겼다. 납치에 가까운 동행, 어쩌면 끝내 이름을 외우지 못할 일행들, 들어가지 못한 바다와 주인공 없는 생일 파티, 문득 이 순간이 무척 오래 기억될 것 같은 예감이 들었다. 사십 대의 두근거림은 부정맥을 의심해야 한다지만, 어쩐지 그 이상한 하루를 떠올리면 여전히 기분 좋게 가슴이 뛴다.

오래 살아남는 것

글 배순탁—음악평론가·〈배철수의 음악캠프〉작가

'Tommy'
— The Who

나이 먹을수록 이런 말을 하는 횟수가 늘었다.
"선물하려면 현금이 최고야." 실제로도 그렇다.

가족이든 친구든 어느새 선물 종류는 크게 세 가지로 나뉘었다. 봉투에 담기거나, 톡으로 보내거나, 한턱 시원하게 쏘거나. 진짜 현금이거나 사실상 현금이나 마찬가지인 것들이다.

젊을 땐 달랐다. 인터넷도 없던 시절이었다. 직접 발품 팔며 좀 더 나은 선택지를 최선을 다해 찾았다. 선물 하나 준비하는 데 일주일 이상 걸린 적도 있었다. 대체 어떤 가게의 케이크가 더 맛있는지, 그(녀) 혹은 친구가 환호성을 내지를 정도로 좋아할 선물이 무엇일지 거듭 고민해서 결정했다.

그중 내가 가장 많이 한 선물이 뭐였는지를 복기한다. 정확한 통계는 당연히 나와 있지 않지만 분명하게 말할 수 있다. CD였다. 콤팩트디스크였다. 하긴, 유유상종인 법이다. 내가 음악을 좋아하면 내 주변도 자연스럽게 음악을 좋아하는 사람으로 채워지기 마련이다. 심지어 1990년대였다. 영화 밀티플렉스는 1998년에 가서야 처음 등장했다. 음악이 아직 대중문화의 왕이던 시절이다. 게다가 CD는 1990년대에도 이미 비쌌다. 그렇다. 취향과 가격이라는 측면 모두에서 CD는 선물 만족도가 확실하게 보장된 카드였다.

CD 선물하면 일착으로 떠오르는 에피소드가 있다. 속칭 '내가 나에게 주는 선물'이었다. 때는 1994년, 고등학교 2학년 시절. 인생 처음으로 집에 CD 플레이어가 생겼다. CD 플레이어를 사면서 부모님은 CD를 딱 하나 고르게 했다. 지극히 현명한 소비가 필요한 시점이었다. 그래서 내가 선택한 앨범은 퀸Queen의 3장짜리 베스트였다. 이유는 명확했다. 어쨌든 이건 3장을 '한 번에' 살 수밖에 없는 방법이었기 때문이다. 어떤가. 이것이 바로 경제적 소비라는 것이다. 부모님의 눈총이 지금도 떠오른다. "3개이면서도 1개인 이것은 대체 무엇인가."

부모님은 검소했다. 헛된 소비를 용납하지 않았다. 용돈도 그래서 박했다. 원망하지는 않는다. 다만, 이 용돈을 모아서 CD를 사려면 엄청난 절약 정신이 필요했다. 그래서일까. 30대 이후 돈을 본격적으로 벌기 시작하면서 나는 CD와 LP를 미친 듯이 샀다. 후회는 없다. 이게 다 내 지금의 나를 있게 해준 원동력이라고 여긴다. 솔직히, 그렇게 여기는 수밖에는 없다.

내가 나에게 선물한 최초의 CD는 이러한 근검절약을 바탕으로 탄생한 것이었다.
당시 꽤 화제가 된 CD가 있었다. 특정 아티스트의 음반은 아니었다. 이른바
'골드 CD'라는 것이었다. 나와 비슷한 세대는 똑똑히 기억할 것이다. 당시 '골드
CD'라는 표제를 달고 앨범 몇 개가 나왔다. 그렇다면 이 '골드 CD'라는 놈은
대체 무엇인가. 따지고 보면 별것이 아니었다. 진짜 금은커녕 CD에서 은은한
금빛이 도는 게 전부였다. 나중 음반사 직원을 첫 직업으로 삼게 되는 인간이
할 말은 아니지만 음반사의 상술은 여러분의 상상을 언제나 뛰어넘는다.
1990년대 음반사들은 CD로 떼돈을 벌었다. 골드 CD로 추가 수익을 창출했다.
거기에 예술적 목표 따위는 '1도 없었다'. 과연, 영화 대사 그대로다. "돈이
원하는 건 오직 더 많은 돈."
그럼에도 '골드'라는 수식에 혹한 나는 먹고 싶은 음료수 하나도 안 먹고 돈을
모아서 나를 위한 선물을 구매했다. 그 영광의 주역은 바로 마이클 잭슨의
1995년 음반 [History]였다. 마이클 잭슨이 그간 발표한 히트곡이 첫 번째
CD에, 신곡이 2번째 CD에 수록된 앨범이었다. 글쎄. 세어본 적은 없지만
이 앨범을 엄청나게 반복해서 들었다. 무엇보다 쥐꼬리 같은 용돈 쪼개서 산
음반이었다. 아무리 파고들어도 마르지 않는 샘처럼 느껴질 수밖에 없었다.

지금의 시대와 비교해본다. 음악이 널려있다. 사실상 공짜다. 인간은 무언가를
손쉽게 얻으면 그것을 소중하게 여기지 않는다. 음악이 소중하지 않다는 게
아니다. 나는 이미 꼰대지만 누군가에게 훈계하고 싶은 것도 아니다. 나를 포함한
인간이 애초에 그렇다는 거다. 이후 소개하는 이 음반 역시 '나만의 이야기'가
없었다면 그렇게까지 소중해지진 않았을 것이다.
선물이라는 게 이렇다. '스토리'가 있는 선물만이 오래 살아남는다. 우리에게
인생의 화양연화였던 시절을 가끔 떠올리게 해준다. '내가 그래도 나쁜 인생을
살지는 않았구나.'하는 감각은 우리의 생각 이상으로 중요하다. 스토리가 있는
선물이 해줄 수 있는 선물이다.

'Tommy'

The Who

낯선 밴드의 "뭐야?" 싶은 앨범일 수 있다. 완전하게 이해한다. 그러나
나에게는 잊을 수 없는 추억이 담긴 선물이었다.

먼저 설명부터 한다. '후'는 1960년대부터 활동한 영국 밴드다. 1964년
비틀스The Beatles가 미국 시장에 안착한 이후 여러 영국 밴드가 더불어
진출해 큰 성공을 맛봤다. 후 역시 그중 하나였다. 역사는 이를 '영국의
침공The British Invasion'이라고 기록한다. 원래 후는 강렬한 록을 추구한
밴드였다. 기타를 휘두르고 드럼을 부숴버리는 등 과격한 퍼포먼스로
악명이 높았다.

그런 그들이 변한 건 1960년대 후반부터였다. 콘셉트 앨범을 내놓고,
록 오페라를 시도하면서 깊어진 동시에 넓어진 세계를 연출한 것이다.
1969년 발표한 [Tommy]는 록 역사상 거의 최초로 오페라적인 구성을
제시한 작품이다. 줄거리를 요약하면 이렇다. 주인공 토미는 어린
시절부터 친부의 살인을 목격하고, 친척에게 학대당하면서 자랐다.
그 충격으로 혼자만의 세계에 갇힌 그가 어떤 과정을 거쳐 '영적
지도자'로 거듭나고 다시 좌절하고, 종국에는 구원의 길을 찾는지에 대한
내용이다. 거의 75분에 달하는 두 장의 CD 안에 이 스토리가 빼곡히
담겨 있다.

이제 다 됐다. 드디어 나에게 어떤 의미인지를 설명할 차례다. 고등학교
시절부터 나는 음악에 대한 글을 쓰고 싶었다. 없는 용돈을 쪼개서
해외 잡지를 산 뒤에 사전을 뒤적이며 평론가들이 쓴 리뷰를 탐독했다.
대학생이 된 이후에는 이런저런 대중음악 강좌를 다 찾아서 들었다.
이 강좌에서 알게 된 누나 한 명이 있었다. 나를 참 예뻐했다. 오해하지
밀기를 바란다. 나이 사이가 많이 났다. 정말 신안 누나였나.
[Tommy]는 이 누나가 생일 선물로 준 것이었다. 나중 잃어버린 카드에는
"꼭 네가 원하는 평론가가 되기를 바란다."라는 문장이 적혀 있었다.
지금은 이 누나 이름도 기억나지 않는다. 행여 이 글을 읽는다면 어라운드
편집부로 전화 주기 바란다. 정말 기쁜 선물이 될 것이다.

[Tommy] (1969)

유리컵 선물

깨질 듯 말 듯 가장 단단한.

글·사진 전진우

1.

어디서든 여행이 끝나갈 무렵이면 나는 컵을 사러 돌아다닌다. 기념품점도 둘러보고 골동품
가게에도 들어가 본다. 슈퍼마켓 한쪽에 있는 머그컵을 사 올 때도 있고, 그보다 공들여
만들어진 것을 발견하게 될 때도 있다. 모양, 무게, 용도 같은 건 크게 중요하지 않다.
왜냐하면 아직 그 컵에 어떤 게 담길지 모르기 때문이다. 목적은 바로 '깨지기 쉬운 것.'
유리가 그런 것이기에, 나는 그걸 멀리서부터 집까지 가지고 가는 여정에 다른 때보다 불안과
흥미를 조금 더 느낀다. 신문지를 한 뭉텅이 가지고 숙소로 돌아와서 오후 내내 고른 컵들을
포장하는 동안 덩달아 연약한 마음이 되어, 지켜주세요, 속으로 기도하게 되는 것이다.
한국에 도착해 친구들에게 하나씩 하나씩 컵을 나눠주면, 그들은 단단한 물건을 받았을
때보다 더 고마워한다. 유리는 그런 것이니까.

2.

멀리서 사 온 컵들을 나에게도 선물해 왔다. 10여 년이 된 50밀리리터 술잔도 있고, 지난해 막 사 온 두꺼운 머그도 있다. 제각각의 모양대로 한두 개씩뿐이어서 때에 맞게 자주 꺼내게 된다. 기억이든 모양이든 아무리 강렬한 것이라도 결국엔 잊히는 게 자연스러운 일인데, 컵이 있으면 그걸 천천히 할 수 있다. 컵이란 게 여간 생필품이 아니어서 자꾸만 찾게 되기 때문이다. 물론 이 컵인지 저 컵인지 상관없을 때가 더 많지만, 작은 여유가 생겨 따뜻한 차를 끓여 담는다거나 와인이라도 열어 컵에 따르는 날이면, 잠시지만 컵을 통해 지나온 먼 곳을 떠올리게 된다. 컵을 발견했던 도시의 분위기라든지 그 무렵 나의 고민들, 아름다웠던 만남들 그리고 다시 가보고 싶은 이유들까지. 두 손으로 컵을 쥔다. 거기에만 있을 것 같은 이 모양을 골라서 집까지 가져온 그때의 나는 어떤 사람이었을까.

3.

마음을 전하는 일에 컵만큼 좋은 물건이 무엇일까? 편지를 받으면 물론 좋긴 해도 그걸 자주
꺼내 읽을 수는 없고, 보석은 한 단어 한 문장밖에 말하지 못한다. 작고 깨지기 쉽고 매일
손에 쥐는 물건. 너무 사소해서 신화 속에 등장해도 어울릴 수 있는 물건. 소중한 의미라면
그런 것에 담아 두어야 하지 않을까. 처음부터 그런 생각을 하며 컵을 산 건 아니지만, 지나고
보니 누군가에게 컵을 준다는 건 꼭 하고 싶은 말이 있다는 얘기가 아니었나 싶다. 먼 곳에서
네가 생각났어. 너는 이런 모양을 닮았어. 자주 나를 떠올려줘. 하고 싶은 말이 떠오를 때마다
편지지를 고르고 단어를 고르듯 컵을 찾았던 것이다. 나는 본능적으로 얇은 컵을 찾았다.
그래야만 더 소중히 다룬다는 이유 때문에. 하지만 그렇더라도 언젠가 깨지겠지, 하는
마음으로 사용해 주길. 그것이 바로 단단함의 비결이니까.

4.

컵을 선물하는 마지막 이유. 늘 깨끗하게 닦인다는 점이다. 무엇이 담겼었든지
닦으면 다 없어지니까 중요한 건 모두 컵 안에 있다.

멀리 달아나며 늘 함께

엄마와 일주일에 서너 번씩 자유분방한 시장엘 갔다면, 한 달에 두어 번은 부모님과 백화점이니 마트니 하는 조금 더 크고 질서정연한 건물에 다니곤 했다. 사는 품목은 대개 먹을 것들이었지만 때때로 기계나 전자제품, 부피가 큰 것도 있던 것 같다. 백화점에 도착하면 나는 "이따 나 찾으러 와!" 하고는 책이 있는 층으로 달려가기에 바빴다. 책방에서 집에 없는 이야기들을, 내가 미처 알지 못하는 세상을 탐방하고 있으면 장보기를 마친 엄마·아빠가 나를 찾으러 오는 게 우리 가족이 장을 보는 방식이었다. 다 읽지 못한 책을 끌어안고 궁둥이를 붙이고 있으면 아빠는 "어떤 책 갖고 싶어?" 물었고, 엄마는 전부 다 사줄 기세인 아빠를 막아서며 "딱 한 권만 골라 봐." 하고 기회를 주곤 했다.

1994년, 12월 초입이었을 테다. 그날도 부모님은 으레 내가 책이 있는 층으로 달려갈 줄 알았으리라. 하도 오래전 일이라 이유 같은 건 기억나지 않지만 나는 그날따라 책을 읽는 대신 부모님을 따라 백화점 곳곳을 누비고 싶었다. 지하층 식품 코너도 함께 가고, 가전제품이 있는 코너도 같이 돌았다. 온갖 잡다한 물건에 시선을 빼앗겨 한참을 돌아다니다가 아빠가 끌고 다니는 카트에 문득 눈길이 닿았는데, 고르는 걸 본 적도 없는 바비 인형 학용품 세트가 놓여 있는 게 아닌가. "이건 뭐야?" 하고 아빠를 향해 묻는데, 엄마가 잽싸게 "아빠 친구 딸, 내일모레 생일이래." 하고 대답한다. 나는 생일을 빌미로 갖고 싶은 물건을 꼽아두는 타입이 아니었고, '올해 생일 선물은 뭘까?' 기대하는 편도 아니었지만 아빠가 담은 어린애의 물건이 내 것이 아니라는 데 마음이 상했다. 따지자면 얌전하고 순한 어린이였으나 내 마음에도 가끔은 불씨라는 것이 지펴졌다. 때때로 타오르는 그것의 이름은 '질투'. 그날 나는 처음으로 부모님에게 떼를 썼다. 바비 인형에

큰 관심도 없으면서 그 학용품 세트만큼은 갖고 싶다고 칭얼댔다. 지금도 잊히지 않는 그날의 조도와 온도, 분위기. 창피한 짓을 하고 있다는 걸 알면서도 "내 거는! 나도 사줘!" 하고 밉살스럽게 군 기억이 선연하다. 아, 정말로 내 인생에 단 한 번뿐인 떼쟁이의 찰나. 결국 내 몫의 비비 학용품은 사지 못한 채 입을 비죽 내밀고 집으로 돌아왔다. 그날 나는 책 한 권도, 학용품 세트도 얻지 못한 비운의 어린이었다. 그리고 나서 며칠이 지났을까. 성탄절을 기념해 유치원에서 재롱잔치와 파티가 열렸다. 우리는 그간 연습한 대로 대열을 만들어 앉아 핸드벨을 울리며 캐럴을 연주했고, 나는 줄줄 다 내려온 하얀 스타킹을 추켜올리며 발레 공연도 했다. '믿음반' 대표로 단독 구연동화도 하고 박수를 받으며 자리로 돌아갈 때였던가, 여운을 즐길 새도 없이 새로운 주인공이 나타났다. 별안간 무대로 등장한 새빨간 사람. 친구들은 산타 할아버지가 나타났다며 소리를 지르고 손뼉을 쳤다. 산타 할아버지는 손바닥을 보며 우리 이름을 하나씩 호명했고, 제각기 달리 포장된 선물을 하나하나 나눠주셨다. 산타 할아버지가 내 이름을 부르며 다가왔을 때 가장 먼저 눈에 띈 건… 점이었다. 풍성한 하얀 수염으로도 채 가려지지 않은 커다란 점. 체육 선생님의 한쪽 볼에 건포도처럼 솟아 있는 점과 꼭 같은 점. 산타는 내게 바비 학용품 세트를 선물했다. 그해 겨울, 떼를 써버린 대가였을까. 나는 산타를 처음 만난 날 의심할 것도 없이 그의 정체를 꿰뚫어 버렸다. 산타는 체육 선생님이구나, 선물은 엄마·아빠가 준비하는구나. 모든 잔치가 끝나고 친구들과 헤어질 때 "산타 할아버지, 체육 선생님이었지?" 한마디를 건넨 이후 나는 친구들에게 '바보'라고 놀림을 받았지만 아무렴 상관없었다. 친구들은 모르는 산타의 정체. 나만이 알고 있는 비밀이 나를 조금 더 큰 여섯 살로 만들어 주는 기분이었다.

나는 여섯 살 '믿음반'을 거쳐 일곱 살 '소망반'이 되었다. 어김없이 크리스마스 시즌에는 재롱잔치가 열렸다. 여섯 살 때와 같이 나는 단독 구연동화를 맡아 한복을 입고 억양을 살려가며 또박또박 이야기를 읊었고, 손짓을 곁들여 구연동화를 완성했다. 한껏 올라간 광대로 원장 선생님의 둥그런 안경이 제자리를 벗어나는 걸 보면 덩달아 기분이 좋아졌다. 미약한 긴장이 풀리고 건방지게도 '잘하고 있구나!' 뿌듯해 마지않던 그해 재롱잔치도 무사히 끝이 났고, 예년처럼 체육 선생님은 구연동화가 끝난 뒤 산타 분장을 하고 나타났다. 평균대 위를 걸을 때면 손을 잡아주던 친절한 체육 선생님. 북슬북슬한 흰 수염 사이로 까맣고 커다란 점을 고스란히 보여주는 체육 선생님. 이렇게나 확실한데 왜 아무도 산타 할아버지가 체육 선생님인 걸 모르는 걸까? 나는 그해에도 '바보'가 된 채 나만의 비밀을 끌어안고 귀가했다.

그해 받은 선물은 페이스페인팅 책이었다. 스프링 제본이 된 페이스페인팅 책에는 장장이 전 세계 어린이 얼굴이 담겨 있었다. 한 페이지에 하나씩 페이스페인팅을 한 아이의 얼굴과 제목이 붙어 있었다. 어떤 페이지엔 보라색 리본 머리띠를 한 서양 어린이가 고양이 분장을 하곤 익살스럽게 미소 짓고 있었고(제목은 '캣 우먼'), 어떤 페이지엔 검은색 망토를 두른 남자 어린이가 '키메라'라는 이름으로 검정, 빨강 무늬를 얼굴에 뒤덮고 있었다. 책은 페이스페인팅용 물감과 팔레트, 붓이 책과 일체형으로 구성되어 있었는데, 그해 크리스마스 선물을 풀었을 때 난생처음 보는 모양의 책이 낯설어 '이게 뭐지?' 생각한 기억이 난다. 어리둥절한 나와 달리 반색을 하고 붓부터 꺼내 들던 우리 엄마.

성탄절이 지나고 본격적인 추위가 시작될 때부터 몇 년 동안이나 우리 모녀는 무료한 한낮이나 잠들기 전 이벤트로 페이스페인팅을 하곤 했다. 볼에 귀여운 장식을 그려 넣는 간단한 버전이 아닌, 얼굴 전체를 가면처럼 꾸미는 페이스페인팅이었기에 시간이 꽤 드는 작업이었지만 엄마는 한 시간이 넘도록 내 얼굴에 집중하는 것을 좋아했다. 그림 작업을 하는 엄마에게 페이스페인팅은 일상에서 크게 벗어나는 일은 아니었을 테지만, 도화지 대신 딸의 얼굴에 색을 칠하는 데서 또 다른 재미와 흥미를 느낀 게 분명했다. 내 얼굴에 바짝 붙어 눈이 둥글게 구부러진 채 책을 들여다보며 내 얼굴에 합법적 낙서를 하던 엄마. 그건 아마 삼십 대 엄마의 유희가 아니었을까. 페이스페인팅에 재미를 붙인 엄마 덕에 내 어린 시절 사진첩엔 얼굴에 그림을 그린 사진이 꽤 많이 남아 있다. 짧은 니트 치마에 멜빵을 달아 단정하게 차려입고 양쪽으로 머리를 땋은 채 눈두덩이가 까만 강아지 얼굴을 한 내 모습, 엄마이 슬립 잠옷을 걸치고 팅키벨을 표현한 허연 얼굴 그대로 잘 순비를 한 내 모습, 정체 모를 페이스페인팅을 한 채 소파에 모로 누워 낮잠 자는 내 모습….

내가 일곱 살이던 소망반의 해에도 엄마·아빠는 12월 초입 딸애의 크리스마스 선물을 사기 위해 백화점에 갔을 것이다. 어떤 것을 사주면 좋아할지 고민했을 것이고, 아이 몰래 선생님께 포장된 선물을 건네는 앙큼한 행위도 있었으리라. 한편, 무대 위에서 우리가 그간 갈고닦은 무언가를 뽐내는 동안 무대 뒤엔 새빨간 옷을 챙겨 입고 선물이 섞이지 않도록 이름을 쓰고 '허허허' 웃음을 연습하던 체육 선생님이 있었을 테다. 재롱잔치가 무사히 끝나도록 무대 앞에서 진두지휘하던 원장 선생님의 마음이나 사랑반, 믿음반, 소망반을 맡은 선생님들의 노고 같은 것을 생각하다 보면 다들 지금쯤 어디에서 무얼 하고 있을까 생각하게 된다. 어른이 된 후로는 얼굴에 그림을 그리는 일 따위 상상한 적도 없는데, 어린 시절 성탄절엔 참 말도 안 되게 귀여운 일이 많았다. 그런 연유로 누군가 내게 "과거로 돌아갈 수 있다면 언제로 갈래?" 물으면 늘 같은 대답을 해왔다. "유치원 때!" 내 세상에 친절과 안전과 사랑만 있어서 그것이 무엇인지 굳이 생각할 겨를도 없던 시절. 내가 행복을 조금이나마 아는 어른으로 자랄 수 있던 데는 믿음반과 소망반의 지분이 단연코 막대할 테다.

책장을 메운 선물

우리 부모님은 성탄절 유치원 이벤트가 아니고서야 고집스럽게 '선물'을 챙기는 편은
아니다. 생일이나 기념일이 밝더라도 뭔가를 사서 포장하는 일보다는 평소보다 맛있는
것을 먹고 함께 여행을 떠나 여기저기서 추억이라는 무형의 것을 남기는 편을 훨씬
선호하는 분들이다. 반면, 나는 어려서부터 자그마한 선물을 포장하거나 이벤트를
만드는 걸 좋아했다. 부모님 결혼기념일이면 모두가 잠든 새 집 안을 풍선으로 가득 채워
놓는다거나, 생일이 오면 겨우 모은 돈으로 신발이나 커플티 같은 걸 사서 선물한다거나…
하는 식이었다. 무엇이 맞고 틀리느냐는 없었다. 무엇이 더 바람직하고 그렇지 않으냐도
없었다. 우리는 어떤 식으로든 자기만의 방식으로 특별한 날을 기념하며 지내는 것을, 마치
선물 그 자체인 양 좋아했다.

그러던 어느 날, 내게 정말 특별한 선물이 도착한 날이 있었으니… 때는 바야흐로 고등학교
2학년 시절. 나는 교복을 입고 7시 50분까지 등교해 21시까지, 고3 때는 22시까지 학교에
머무는 극강의 루틴을 소화하는 철야의 고등학생이었다. 초등학생 때부터 교실 문을
열쇠로 따고 들어가던 학생이었기에 남들보다 학교에 머무는 시간이 조금 더 길었다는
걸 생각하면 고등학생 3년 동안 정말 긴 시간을 학교에서 보낸 셈이다. 학교와 집이 멀어
등하교에도 시간이 꽤 걸렸으니 내게 자유 시간이란 거의 없던 것과도 같았다. 그 당시
학교는 생일이라고 결석하거나 특별한 걸 할 수 있는 분위기는 아니었기에, 생일날에도
이례 없이 공부를 하고 급식을 먹었다. 친구들의 자잘한 축하를 제외하면 별거 없이 지나간
그날, 부모님은 밤에 케이크라도 함께 먹자며 하교 시각에 맞추어 나를 데리러 왔다.
그날 조금 이상한 점이 있었다면 평소 같으면 아빠는 집 앞에 나를 내려주고 "주차하고
들어갈게." 했을 터인데, 그날따라 묵묵히 주차장에 차를 대고 나와 함께 엘리베이터를
탔다는 것이다. 미묘하게 이상한 기운이 있긴 했지만 크게 신경 쓰진 않았는데, 집에

도착하자마자 아빠가 내 손목을 잡고 책이 있는 방으로 데리고 가는 것이었다. "갑자기 왜?
뭐야?" 어리둥절한 채 아빠에게 손목을 잡혀 도착한 책장엔… 오늘 아침까지만 해도 없던
책들이 한가득 꽂혀 있었다. 내가 익히 잘 아는 책, 그러나 집에 둬 본 적 없는 책. (그 당시에
나온)《명탐정 코난》 전권이었다.
평생 만화책은 나쁜 것, 폭력적인 것,이라는 이상한 프레임에 갇혀 있던 나는 어릴 때부터
교육용 만화가 아니고서야 만화를 읽는 일은 없었는데, 어느 해 DVD를 빌리러 갔다가
티브이로 자주 보던 〈명탐정 코난〉을 책으로 읽게 된 이후, 만화로 읽는 《명탐정 코난》의
매력에 흠뻑 빠지고 말았다. 성우 목소리로 따라가는 스토리도 좋았지만, 내 속도대로
목소리와 상황을 상상하며, 흑백의 그림에 색깔을 마음껏 입혀가며 책장을 넘기는 과정이
몹시 황홀했다. '아, 이게 만화라는 거구나.' 고등학교 1학년 때부터 《명탐정 코난》을
한 권씩 섭렵하기로 작정한 나는 며칠 가지 않아 출간된 책을 몽땅 읽어버렸고 '다음 권은?'
하고 손꼽아 기다리곤 했는데, 내가 몇 번이나 읽어온 그것들이 전부 책장에 꽂혀 있는
것이 아닌가. 아빠는 "생일 선물. 엄마한테 안 들키려고 여기 숨겨놨어." 하고는 케이크를
먹자며 뒤돌아 먼저 방을 나섰다.
그날로부터 시간이 꽤 흘렀는데도 아직 완결나지 않은 《명탐정 코난》은 어느덧 108권을
향해 가고, 우리 집 책장엔 《명탐정 코난》이 위풍당당한 기세를 자랑하며 거대한 군락을
이루고 있다. 열여덟의 기억 때문일까, 나는 코난의 갈색 벽돌 표지를 보면 잘 포장된
선물이 떠오른다. 아빠의 의기양양한 어깨 너머로 보이던 거대한 코난의 물결. "이리 와
봐." 하고 내 손목을 잡아끌던 그날의 산타. 어느 해의 생일을 회상하고 있자니 설레는
사실을 깨닫게 된다. '나는 일평생 산타와 함께 살아왔구나. 성탄절에도, 생일에도 산타는
어김없이 다녀갔구나. 지금도 손 뻗으면 산타의 둥그스름한 어깨를 만질 수 있구나.' 하고.

Essay

받는 마음

글 그림 한승재—푸하하하프렌즈

안타깝게도 내 유튜브 알고리즘에는 누군가를 저격하고 비난하는 영상이 심심치 않게 뜬다. 그건 종종 뒤에 숨어서 남 망하는 꼴 훔쳐보는 못된 심리가 반영된 것이겠지만, 때로는 심하다는 생각이 들 때도 있다. 예능 프로그램에서 집들이를 하는 장면이었다. 동료 연예인들의 선물을 받자 그것이 자신의 취향이 아니라며 마다하는 장면에 많은 사람들의 비난이 달렸다. 그러나 그 비난은 이 사람을 이해하지 않기로 결정했다는 결정문인 거지, 진짜로 그 마음을 이해하지 못하는 사람은 없을 것이다. 취향이 아니라고 해도 그것들을 넣어 둘 곳만 넉넉하면 마다하지 않았을 텐데….

요즘 샴푸나 로션을 고를 때, 향기보다 더 중요하게 생각하는 것이 있다. 그건 바로 용기의 크기로, 되도록 크지 않은 용기, 크더라도 옆으로 넓기보다는 위아래로 긴 형태의 용기, 즉 면적을 많이 차지하지 않는 용기를 고르려고 하는 것이다. 예전에는 크게 고려하지 않았던 것이 요즘은 점점 크게 와닿고 있다. 바로 인생은 면적의 문제라는 것이다. 화장실은 좁은데 샴푸는 크다. 샴푸는 기능이 많으면 많을수록 비싼데, 혹은 비쌀수록 기능이 많아 보이니 사고 싶어지는 법인데, 큰 용량으로 살수록 가격은 절약이 되니 샴푸는 자꾸만 커지는 것이다. 샴푸도, 린스도, 바디로션도 전부 다 커다란 것으로 사 놓으면 나는 어디에 서 있나…. 과장 조금 보태자면 샴푸와 로션들 때문에 커다란 남자 서너 명이 같이 샤워하는 것 같은 기분이 들기도 한다. 샴푸 용기들이 내 좁은 화장실 자리를 차지하고 있다는 생각을 하면서부터 화장실 용품들은 예쁘고 화려하고 통통한 것들보다는 각지고 작고 효율적인 것들로 갈음하고 있다. 이렇게 점점 디자인에 인색해지는 건가 싶기도 하다. 화장실뿐만이 아니다. 여전히 쓸데없는 걸 많이 사기도 하지만 동시에 불필요한 것들은 습관적으로 줄여 나간다. 입지 않는 옷은 버리고, 컵도 버리고, 책도 버리고, 가구도 버리고, 버리려다 절반은 되돌아오고, 그렇게 하나씩 버리면서 공간을 늘려 나가면 내가 조금은 이기고 있다는 생각이 들기도 한다. 이 빡센 도시 안에서 이만큼 빈 땅을 만들어 냈다는 것이 자랑스럽다는 생각이 들기도 한다. 그러면 조금 휴식해도 되겠다는 안도감이 든다.

글 쓰는 친구들은 나보다 더해 책의 면적에 대한 예민함을 털어놓기도 했다. 책이 면적을 차지하면 얼마나 차지한다고…. 그러나 책과 뒹굴며 사는 사람들의 생각은 다른가 보다. 요즘은 과한 포장으로 두꺼워진 책을 사기가 망설여진다고 했다. 왜냐하면 다른 책보다 더 많은 면적을 차지하기 때문이다. 고작 몇 밀리미터 더 두꺼운 게 그들에게는 그렇게 크게 와닿는 것이다. 또 다른 친구는 그에 덧붙여 어느 철학자의 일화를 소개하기도 했다. 자꾸 출판사에서 자신에게 책을 보내주는 데 불만을 갖고 "이제부터 책 보낼 거면 책 보관료도 같이 보내라."고 했다는 이야기였다. 누군가가 굳이 생각해서 선물로 보내주는 책인데 안 보고 싶으면 버리면 그만이지, 이게 무슨 생투정, 생난리냐고 할 수도 있겠지만, 책 보내지 말라고 징징거리는 한편으로 버리기에 미안한 마음이 있다는 것도 우리는 이해해야 한다.

최근 냉장고를 여닫을 때마다 집 안에 가득 김치 냄새가 퍼졌다. 그것 때문에 냉장고 문을 닫은 뒤에도 내 머릿속은 냉장고를 떠나지 못했다. 하루에도 몇 번씩 냉장고 문을 여닫을 때마다, 냉장고 주변에서 설거지를 하거나 무엇을 할 때도 나는 계속 냉장고 생각을 놓지 못했다. 칸칸마다 여러 종류의 김치로 가득 찬 냉장고는 냉장고라기보다는 박물관에 가깝다. 몇 번 꺼내 먹지 않았는데도 저 멀리 뒤쪽으로 밀려가 유물이 되어버린 불쌍한 김치들… 이미 어떤 건 형태까지 끔찍하게 변해버렸을지도 모른다. 에휴….

나는 엄마를 원망했다. 그건 다 엄마 때문이라고. 그렇다, 다 먹지 않았는데도 새로 김치를 가져가라고 하는 엄마 때문이다. 티브이에 나온다면 어느 연예인보다 매서운 비난을 받았을지도 모르는 장면이다. "조금만 줘요." "어차피 다 먹지도 못해요." "아, 이걸 누가 다 먹어!" 지랄발광하며 거세게 저항해 보지만 엄마 반응은 한결같다. "응, 그건 네 사정." 국물이 새지 않도록 꽁꽁 싸맨 김치 한 통이 냉장고에 또 추가되었다.

김치야 늘 먹으니까, 먹고 먹고 다 먹지 못하고 남는 건 버리면 그만이라고, 그렇게 쉽게 생각할 수는 없을 것이다. 버리는 게 귀찮아서 그러는 것이 아니다. 버리는 게 얼마나 미안하고, 얼마나 가슴 아픈 일인데….

줄이고 줄이고 줄여 간략화된 이 집에서, 쓰레기봉투마저 자리를 차지하는 것이 싫어 10리터 쓰레기봉투를 쓰는 서울의 작은 집에서, 이 최적화된 삶에서 면적의 훼방꾼이라면 이제 선물뿐이다. 네모, 세모, 동그라미 샴푸를 다 버리고도 집에 남아 있는 것은 통통한 핸드로션, 그건 선물로 받은 것이었다. 집 안을 모두 비우고 나서도 차마 버리지 못한 채 남아 있는 건 선물로 받은 도자기, 선물 받은 책, 선물 받은 가방 등 선물 받은 것들이다. 농담으로도 차마 선물 준 사람을 원망하지는 못하겠지만, 집 안에 김치 냄새 진동하는 지꺼분한 기분을 지울 수는 없다. 차마 버리지 못하는 물건들이 집에 있다는 것은 냉장고 문을 닫은 후에도 김치 냄새가 떠나지 않는 그런 묘한 기분이라고 할 수 있다.

누군가에게 선물을 줄 때, 그리고 선물을 받을 때 그 사람의 취향을 고려해야 한다는 것쯤은 모두 알고 있을 테지만, 그래서 선물을 살 때 몇 번씩 고민하고 몇 번씩 물건을 들었다 놨다 하는 것이겠지만, 이젠 거기에 더해 면적까지 고려해야 할까? 무언가를 건네는 따뜻한 마음씨에 받는 사람의 면적까지 담겨 있어야 할까? 혹시 모르니 교환권을 넣어주는 것처럼, "혹시 모르니 안 쓸 거면 가져와, 내가 쓸게." 이렇게 얘기해 줘야 하는 것일까? 나는 그것이 모두 오해에서 비롯된 것이라고 생각한다. 선물은 오로지 받는 사람을 위하는 것이라는 오해.

선물은 당연히 주는 사람의 것이다. 공을 던질 때는 공 던지는 사람의 마음인 것처럼, 말을 걸 때는 말 거는 사람의 마음인 것처럼, 선물을 하는 것은 주는 사람의 마음인 것이다. 엄마는 넘치는 마음을 어쩌지 못해 랩으로 꽁꽁 싸서 나에게 건넸다. 옛날엔 사랑의 열병에 빠진 친구들이 몇 날 며칠 긴 편지를 적어 내려가는 것도 많이 보았는데 그건 아무리 생각해 봐도 받는 사람 좋으라고 하는 거 같지는 않았다.

선물은 당연히 주는 사람의 것이라고 여기면서 나는 선물을 더 쉽게 하게 되었다. 내가 이미 갖고 있는 물건을 다른 색으로 사고 싶어서 내 친구에게 사주기도 했고, 친구의 전시 오프닝에 참석했을 땐 내가 입고 있는 옷과 어울리는 색의 꽃을 골라 들고 있었다. 선물은 오롯이 주는 사람의 맘이기에 오히려 마음은 받는 사람이 잘 다스려야 한다.

"흑흑 엄마 미안해."를 연신 외치며 한가득 비닐봉지에 담아 김치를 버렸다. 모두 비웠지만 또 금세 채워질 냉장고. 그렇기 때문에 난 더 담대해지기로 했다. "그만 줘." "너무 많아." "어차피 다 못 먹어."를 반복하기보다는 그냥 덜 미안해하기를 선택했다. 누군가의 선물에 고마워하고 난 후 한쪽에 처박아 둘 줄도 아는 센스를 가지기로 했다. 그리고 "어, 이게 뭐였지?" 하며 쓰레기통에 버리는 무심함도, 어느 순간 필요 없으면 버리기도 하는 결단력도 가지기로 했다. 정말 중요한 건 그걸 버리는 데 미안해하는 것이 아니라, 받는 순간에 즐거워하는 것이라서.

행복하고 싶어요

어른의 선물

어른이 되고 싶다는 마음은 없다. 다만 너무 이상한 인간만은 되지 않길 바랄 뿐이다. 그래서 나는 어른에 대한 이야기를 읽고 본다.

글 한수희　일러스트 점선면

최근 들어 흰머리가 폭발적으로 늘었다. 나는 원래 새치가 없었기 때문에 나이란 놀랍구나, 하고 새삼 느낀다. 더불어 사진에 찍힌 내 얼굴과 몸집을 보고는 또 한 번 놀란다. 이 후덕한 아주머니가 나라니. 주말 아침엔 벼르던 새 안경을 맞추러 안경점에 갔다. 운전하거나 영화 볼 때만 쓸 안경인데 친절한 점원은 시력 검사 후 조심스럽게, 그러나 마치 가벼운 농담이라도 건네듯 '노안' 검사를 해보겠냐고 물었다. 나의 차트에는 '중년 시력'이라고 적혀 있었다. 그걸 본 내 마음은 인형뽑기 기계 앞에서 거의 다 끌어올린 인형을 떨어트린 사람처럼 허탈해졌다. 나의 정신은 여전히 30대의 중반 즈음에 머물러 있는데 몸은 50대를 향해 달려가고 있다. 그리고 나는 그 부조화에 좀처럼 적응하지 못하고 있다. 아, 이렇게 생각하는 것 역시 나이 들고 있다는 증거겠지.

이제는 좀 어른이 되어야 할 것 같은데 어른이 뭔지 도통 갈피를 잡을 수 없을 때, 흰머리와 군살과 노안이 인격의 성숙을 보증해 주지 않는다고 느낄 때, 그냥 누군가에게 뒤통수라도 철썩 얻어맞고 싶을 때 나는 이 책을 꺼내 다시 읽는다. 우치다 타츠루의 《곤란한 성숙》. '미성숙한 사회에서 성숙한 어른 되기'라는 부제를 단 이 책은 성숙이라는 것이 곤란한 이유가, 어제까지 유용하던 장치로는 검사할 수도 없고 계량할 수도 없는 것을 몸으로 익힌 형태이기 때문이라 말한다.

어제까지 유용하던 장치로는 검사할 수도 없고 계량할 수도 없는 것을 몸으로 익힌 형태라니, 이게 무슨 말이지? 나의 정신적 스승, 우치다 선생님의 설명을 들어보자.

'어른이 된다'는 것은 이런 것입니다. 어느 날 눈을 떠보니 여러 사람이 당신에게 조언이나 도움을 구하고 있고, 당신에게 의지하고 싶다며 매달리고 있습니다. 그래서 당신은 '어쩐지 세상 사람들이 나를 어른으로 대하고 있구나' 하고 비로소 느낍니다. 이처럼 어른이 된다는 것은 그 일이 있고 난 후에야 알게 됩니다. (중략) 어느 날 문득 정신을 차려 보니 조금 더 어른이 되어 있었던 경험을 통해 사람은 성숙해집니다. 마치 껍질을 한 겹 벗어 버리는 것처럼 말입니다.

– 《곤란한 성숙》 중에서

우치다 선생님은 어른이 된다는 것이 "오늘부터 어른이 되어야지!"라고 다짐한 후에 일어나는 일이 아니라(그럴 수 있다면 좋으련만) 상황으로부터, 타인으로부터 요청을 받은 후의 응답에 가까운 일이라고 쓴다. 지금껏 겪어본 적도 없고 감당하기도 힘든 이런저런 일들을 겪어낸 후 자기도 모르게 조금씩 어른이 되어간다는 것이다.

그러니 어른이 된다는 건 수동적이면서도 능동적인 일이다. 어른이 되어야 한다는 요청이 먼저 있고, 거기에 적극적으로 응답할 때 우리는 어른이 된다. 도무지 무얼 어떻게 해야 좋을지 모를 때도 그것을 제대로 겪어낼 때 우리는 어른이 된다. 반대로 같은 상황에서 달아나거나 눈 감아 버릴 때 우리는 어른이 될 귀한 기회를 놓치고 말 것이다.

그럼 어른이 되기 위해서는 꼭 감당하기 힘든 일을 겪어야만 하는 걸까? 좀 더 쉬운 방법은 없을까? 어른으로서의 매일매일은 어떤 걸까?

전철이 시간표대로 정시에 오면 '오, 고마운 지하철!' 하고 합장하고, 전등을 켜면 '오, 고마운 에디슨!' 하고 합장하고, 컴퓨터를 작동할 때는

'오, 고마운 스티브 잡스!' 하고 합장할 수 있는
사람입니다. 그런 사람은 '이 모든 선물에 대해
나도 무언가 해야 한다'고 생각합니다. 그것이
'시민적으로 성숙하고 있다'고 할 수 있는
조건이라고 봅니다.

– 《곤란한 성숙》 중에서

우치다 선생님은 우리에게 주어진 모든 것들이 당연한
것이 아니라 일종의 선물이라고 말한다. 그렇게 고마운
선물에 감사함을 느끼는 것, 그것이 어른으로서 매일을
살아가는 태도다. 이어서 우치다 선생님은 진정한
어른의 이미지를 오래된 미꾸라지 요리 식당에서 본 한
신사를 통해 그리면서, 그 신사가 주위와 완전한 조화를
이루었다고 썼다.

작은 세계를 이루고 있는 사소한 것들에게 감사의 말을
던지는 것. 그렇구나. 그게 어른인 거구나. 우리가 누리고
있는 이 세계에는 하나도 거저 주어진 것이 없다. 그리하여
사소한 것들마저 놓치지 않고 제대로 보고 느끼는 것이
중요하다. 동시에 이 세계에서는 오늘 아침에 집을 나선
가장이 영원히 돌아오지 않는 일이 일어나기도 한다.
그 와중에 하늘은 넋을 잃고 바라볼 만큼 아름답다. 어떤
사람들은 우리에게 견디기 힘든 상처를 준다. 그런데 오늘
마시는 한 잔의 커피는 너무나 훌륭하다. 아무리 간절하게
바라도 이루어지지 않는 일은 이루어지지 않는다.
그러나 내가 흘린 물건을 낯선 이가 기꺼이 허리를 굽혀
주워 건네준다. 세상은 잔인하면서도 아름다운 곳이다.
슬퍼하지 않을 도리가, 감사해하지 않을 도리가 없다.
내가 《곤란한 성숙》을 여러 번 다시 읽는 이유는 사실
어른이 되고 싶어서가 아니다. 어른이 되고 싶다니,

주위와 완전한 '조화'를 이루었다는 표현을
썼는데, 그보다는 오히려 '축복'이라는 말이
더 가까울지도 모르겠습니다. 그는 풍로,
미꾸라지, 우엉, 파, 칠미, 따뜻한 청주, 꾀죄죄한
대들보, 불에 그슬린 다다미, 흐트러진 방석,
그런 온갖 것을 향해 누구에게도 들리지 않을
만큼 작은 소리로 축복을 보내고 있는 것
같았습니다.
그는 작은 세계를 이루고 있는 사소한 것들에게
'너희들 덕분에 소소하지만 행복한 시간을
맛보고 있어. 정말 고맙구나' 하는 감사의 말을
던지고 있었습니다.

– 《곤란한 성숙》 중에서

그런 대단한 야심은 품어본 적이 없다. 어른 같은 거, 누가
되고 싶겠는가? 가능하다면 영원히 어린아이로 남고 싶은
마음이 더 크다. 그러나 어른은 되지 못하더라도 이상한
인간이 되는 일만큼은 피해야 한다. 나잇값도 못 하는
인간이 되어서는 안 된다. 닥쳐오는 감당하기 힘든 일들
앞에서 최대한 정신을 차려보고 싶다. 그럴 때 이 책은
나에게 여름날 들이켜는 시원한 보리차 한 잔 같은 것이
되어준다.

영화 〈굿 윌 헌팅〉의 청년 윌 헌팅은 가난한 고아다. 어린
시절 세 번이나 입양되었으나 파양당한 그는 양부모들에게
받은 학대의 상처를 마음 깊이 품고 있다. 희망도 꿈도
없이 청소부나 잡역부 같은 일자리를 전전하는 윌은
비슷한 처지의 친구들과 어울려 맥주를 마시고 헛소리를

떠들고 주먹다짐을 하며 매일을 흘려보낸다. 그런 윌에게는 남다른 재능, 바로 천재적인 두뇌가 있다. 윌은 어떤 책을 읽든 그 내용을 사진처럼 기억하고, 그가 청소부로 일하는 MIT의 어떤 학생도 풀지 못한 수학 문제를 단숨에 풀어버린다. 그리고 윌의 천재성을 발견한 수학 교수 램보는 폭행죄로 감옥에 갇힌 윌을 빼주는 대가로, 자신과 함께 수학 문제를 풀고 일주일에 한 번씩 정신상담을 받아야 한다는 조건을 내건다.

그러나 윌의 비뚤어진 마음은 상담 같은 걸 견디지 못한다. 몇 명의 치료사가 두 손 들고 떠난 후, 램보는 어쩔 수 없이 윌을 대학 시절의 룸메이트인 심리치료사 숀에게 데리고 간다. 램보처럼 성공한 학자가 되지 못한 숀은 커뮤니티 컬리지(지역 사회 기반의 2년제 교육 기관)에서 무기력한 학생들을 가르치고 있다. 그리고 그는 얼마 전 평생의 짝이던 아내를 잃은 슬픔으로 가득 차 있다. 그런 숀이 상처로 겹겹이 방어막을 두른 윌을 상담하기로 한 것이다. 전처럼 상대를 조롱하고 상처 주며 자신을 지키려 하던 윌은, 자신의 수학적 재능을 최대치로 끌어내기 위해 몰아붙이는 램보에 대항해 그의 마음을 지켜주려 애쓰는 숀의 진심을 알게 된다. 이제 윌은 조금씩 마음의 문을 열며 숀과 대화하려 한다.

윌은 사랑을 믿지 못한다. 사랑받아 본 적이 없기 때문이다. 관계를 맺기보다 자신을 지키는 데 급급하던 삶이었기 때문이다. 그런 윌은 자신의 재능조차 제대로 쓰지 못한다. 자신을 사랑하고 새로운 인생을 열어주려는 여자친구 스카일라에게도 상처를 주고 만다. 받은 상처만큼 타인에게 상처를 돌려주는 이유는 그들이 또 자신을 아프게 할 거라, 자신을 버릴 거라 믿기 때문이다. 그러기 전에 먼저 떠나는 것이 덜 상처받는 길이기 때문이다. 그렇게 딱딱하게, 뾰족하게 굳은 윌의 마음을 숀은 이런 말로 풀어준다. "그건 네 잘못이 아니야. 그건 네 잘못이 아니야. 그건 네 잘못이 아니야." 그제야 윌은 숀의 품에 안겨 어린아이처럼 눈물을 터트리고 만다.

> '어른'이란 자기가 누구인지, 자기가 앞으로
> 어디를 향해 나아가야 할지, 무엇을 해내게
> 될지를 '자기의 생각'이나 '혼잣말'의 형식이
> 아니라 '타인의 요청'에 바탕을 두고 '응답'하는
> 형식으로 언어화하는 사람을 가리킵니다.
>
> – 《곤란한 성숙》 중에서

상처 입은 사람을 지나치지 않는, 자신의 상처에도 불구하고 윌에게 사랑을 베푸는 숀의 행동은 우치다 선생님이 말한 타인의 요청에 응답하는 일이었을 것이다.

어른으로서 아이에게 건네는 선물이었을 것이다. 나의 다음에 올 사람을 위한 패스였을 것이다. 그것이 바로 어른의 일일 것이다.

우치다 선생님은 크리스마스 선물이야말로 대가를 바라지 않는 패스라고 했다. 부모에게 받은 선물에 자식이 보답할 상대는 부모가 아니라 자신의 아이다. 그렇게 이 증여의 행위는 대를 이어 지속된다. 이 행위의 가장 중요한 규칙은 패스를 받으면 반드시 다음 플레이어에게 패스해야 한다는 것이다.

내가 어릴 때도 크리스마스 아침이면 부모님이 현관 앞에 놓아둔 선물을 발견할 수 있었다. 이미 사춘기에 접어든 나는 어차피 부모님이 주는 선물이라는 걸 알고 있었으나, 나보다 다섯 살 어린 순진한 동생은 초등학교 고학년까지 산타 할아버지를 믿었다. 그 애는 크리스마스 아침에 가장 먼저 일어나 현관 앞으로 달려가서 선물을 확인하고는 잔뜩 흥분해 폴짝폴짝 뛰며 소리쳤다. "누나, 왔다! 왔어! 산타 할아버지 왔어!" 우리 모두는 그 애 몰래 키득거렸다. 그랬던 내 동생이 얼마 전 심장마비로 세상을 떠났다. 무뚝뚝한 누나와 달리 다정하고 살가웠던 내 동생, 누구에게도 폐 끼치지 않으려 했던 깔끔한 내 동생, 늘 웃는 얼굴이라 직장에서 '미스터 스마일'이라 불렸다는 내 동생, 그 애를 잃고 우리는 어떻게 살아가야 할지 모르겠다.

동생을 잃은 후 머릿속에 가장 많이 떠오른 문장은 이것이었다. '이런 일을 겪고 사람들은 어떻게 살아가는 것일까?' 사랑하는 이들을 잃고도 사람들은 계속 살아간다. 때로는 그 상실의 상처에서 영영 헤어 나오지 못할 때도 있다. 그때 문득 우치다 선생님의 이야기가 떠올랐다. 살아가면서 이런저런 일을 겪다 보면 나도 모르는 새 어른이 되어 있다는 이야기가. 이런 아픔을 겪고 견디는 것도 어른이 되어가는 일의 하나겠지. 씁쓸하다.

그러나 내 아이들은 중년의 엄마가 중년의 외삼촌을 잃은 이 시절을 기억할 것이다. 그 애들이 자라서 어른이 되었을 때, 나의 상실과 슬픔은 내 아이들의 참조점이 될 것이다. 그 애들은 그 시절 어른들이 아픔을 견디던 모습을 떠올리며 계속 살아갈 용기를 낼 것이다. 나는 그런 형태로나마 내 아이들을 위한 선물을 건넬 수밖에 없다. 이제 우리에게 남은 나날들은 동생이 주었던 선물 같은 순간들을 차분히 복기하며 보내려 한다. 그리워하면서도, 마음 아파하면서도, 슬퍼하면서도 씩씩하게 살아가 보려 한다. 동생이 우리에게 남긴 것들을 잊지 않으려 한다. 동생을 잃고, 나는 조금, 아주 조금은 더 나은 사람이 되어보려 한다. 그렇게 동생에게 부끄럽지 않은 누나가 되어보려 한다.

Book—《곤란한 성숙》 우치다 타츠루 | 바다출판사

Movie—거스 밴 샌트 〈굿 윌 헌팅〉(1997)

축하해

가끔 꺼내 보며 미소 짓는 그 따뜻했던 순간.

결혼식 | 발행인 송원준
내가 아는 사람들이 모두 모여 나를 축하해주었던, 아마도
인생에서 유일한 자리였던 것 같다.

어라운드 100호 전시 | 편집장 김이경
올해 어라운드 100호 기념 전시에 많은 사람들이 찾아와 축하해
줬다. 13년을 지나며 길고 짧게 세월을 나눈 사람들이 찾아 준
발걸음은 귀했고, 그 마음을 안고 계속해서 나아가는 중이다.

끝을 응원하는 마음 | 에디터 황진아
퇴사하는 날, H는 편지와 선물을 내 우편함에 넣어두고 갔다.
예전에 내가 자신의 퇴사를 챙겨준 일이 오래 기억에 남았다고
하면서. 우리는 각자의 방식으로 서로의 마지막을 격려했다.

소시지 눈 생일 | 에디터 차의진
생일 전야, 모종의 이유로 펑펑 울었다. 친구 덕분에
생일 당일엔 행복했지. 얼마 전 그날 사진을 보고 한참 웃었다.
친구의 선물을 들고 환히 웃는 나, 두 눈이 퉁퉁 부어 있다!

서로의 졸업을 축하하며 | 마케터 문주원
날짜가 겹쳐버린 졸업식. 서로의 졸업식에는 못 갔지만
저녁에 만나 우리의 졸업을 축하했다. 내가 좋아하는
하얀 카라 꽃에 초록 풀이 가득한 꽃다발을 안고
근사한 저녁과 함께 축배를!

생일에 최종의사결정 | 브랜드 프로젝트 디렉터 하나
지난해 생일에는 혼인신고를 했다. 구청에 앉아 도장을 찍는데
왜 그렇게 떨리던지. 손을 꼭 쥐고 나와 서로 축하한다,
우리 잘해보자 다짐한 그날은 잊을 수 없다.

돌려받지 않아도 좋아 | 브랜드 프로젝트 매니저 전지영
한때 가깝고 소중했던 누군가의 생일에 등갈비 김치찜을
한 솥으로 했던 기억이 오래 남는다. 축하하는 마음은 어쩌면
돌려받지 않아도 괜찮겠다는 것. 내가 기꺼이 순간의 너를
기념할게.

축하한다고 말할래 | 브랜드 프로젝트 매니저 김하영
혹시 사는 게 바빠 아직 축하를 못 받은 사람이 있다면, 이 말을
꼭 전하고 싶다. "축하해요. 오늘 아침에 일어난 것도, 별거 없는
안온한 하루를 맞은 것도."

어라운드에서의 마지막 생일 | 브랜드 프로젝트 매니저 정현지
어느덧 이곳에서 맞이하는 네 번째 생일. 서프라이즈로 파티를
준비하다 눈 앞에서 젓가락을 와장창 떨어트리고, 접시를 들고 딱
마주쳐버린 그 귀여운 풍경들을 내내 잊지 못할 거야.

너의 끝과 시작 | 브랜드 프로젝트 매니저 오은정
가장 친한 친구의 끝과 시작을 긴 시간 축하해왔다. 함께 다닌
학부 졸업을, 고군분투했던 석사 과정의 마무리를, 박사 과정을
밟으러 캐나다로 떠나는 용기를. 앞으로도 그럴 테지.

사랑과 응원의 마음은 힘이 세! | 브랜드 프로젝트 매니저 최하은
자랑스러운 친구 S는 학교를 졸업하자마자 충남 공주로 떠나
제철 음식을 요리하는 사장님이 되었다. 세 번째 공간의 오픈을
축하하기 위해 서울에서 한달음에 달려온 친구들이 속속 모였던
밤, 알게 된 진실 한 가지.

숨길 수 없는 것 | 브랜드 프로젝트 매니저 정희석
얼마 전 꽃다발을 샀다. 그걸 등 뒤로 숨겼다 재킷 안쪽에도
숨겨 보았다. 이리저리 숨겨보고 알았다. 내가 숨길 수 없는 건
이것뿐이 아닌걸. 어떤 마음은 이토록 숨길 수 없다!

**아버지는 한식집이 좋다고 하셨어 | 브랜드 프로젝트
매니저 한지원**
환갑과 명퇴를 동시에 맞이한 아빠는 퇴임식이
석 달 남았을 때부터 "나는 한식집을 좋아해."라고 노래를
하셨고, 내 지갑은 제법 홀쭉해져 버렸다.

졸업 축하 | 브랜드 프로젝트 디자이너 임하경
졸업식 날 부모님과 미술관에 갔다. 꽃다발이 그려진 르누아르
작품을 보고 엄마는 "이번 네 졸업 꽃다발이야."라며 축하해
줬다. 실제로 받은 건 없지만 그건 시들지 않는 좋은 선물이다.

1년 정기구독

AROUND는 격월간지로 짝수 달 초에 발행됩니다. 정기구독을 신청하시면 어라운드를
온라인 콘텐츠로도 만나볼 수 있으며, 홈페이지에서 사용 가능한 포인트를 드립니다.

AROUND 매거진(총 6권) & 온라인 콘텐츠 감상 & 홈페이지 포인트 지급
97,200원 / a-round.kr

AROUND NEWSLETTER

책에서 못다 한 이야기를 펼쳐 보입니다.
또 다른 콘텐츠로 교감하며 이야기를 넓혀볼게요.
홈페이지에서 뉴스레터를 구독해 주세요.

a-round.kr > Newsletter

Publisher

송원준 Song Wonjune

Editor in Chief

김이경 Kim Leekyeng

Senior Editor

황진아 Hwang Jinah

Editor

차의진 Cha Uijin

Art Director

김이경 Kim Leekyeng

Designer

윤원정 Yoon Wonjung

Cover Design Guide

오혜진 O Hezin

Cover Image

Christopher Lim

Photographer

강현욱 Kang Hyunuk

김혜정 Keem Hyejung

박은비 Park Eunbi

정해인 Jeong Haein

최모레 Choe More

Project Editor

이주연(산책방) Lee Zuyeon

김건태 Kim Kuntae

배순탁 Bae Soontak

전진우 Jun Jinwoo

정다운 Jung Daun

한수희 Han Suhui

한승재 Han Seungjae

Illustrator

점선면 Jeom Seon-myeon

심규태 Sim Kyutae

안현정 Ahn Hyunjung

오하이오 Ohio

휘리 Wheelee

Marketer

문주원 Mun Juwon

Copy Editor

기인선 Ki Inseon

Management Support

강상림 Kang Sanglim

Publishing

(주)어라운드

도서등록번호 제 2014-000186호

출판등록일 2009년 12월 5일

ISSN 2287-4216

창간 2012년 8월 20일

발행일 2025년 12월 8일

AROUND Inc.

서울시 마포구 동교로51길 27

27, Donggyoro 51-gil, Mapo-gu, Seoul, Korea

광고 문의 / 070 8650 6359

구독 문의 / 070 8650 6375

around@a-round.kr

a-round.kr

instagram.com/aroundmagazine

blog.naver.com/aroundmagazine

어라운드는 나무를 아끼기 위해
고지율 20퍼센트인 재생종이 그린라이트를 사용합니다.